マス・メディア時代の
ポピュラー音楽を読み解く

流行現象からの脱却

東谷 護

勁草書房

マス・メディア時代のポピュラー音楽を読み解く

目次

序　章　ポピュラー音楽をいかにとらえるか

1. 問題の所在

ポピュラー音楽というと、英米発のポピュラー音楽がグローバルスタンダードとして認識されているように思われる。たしかに、マス・メディアにのって流行する音楽、あるいはヒットという名の下に世界各国、各地域に大量に流通する音楽、という側面から捉えれば、ポピュラー音楽とは英米発の世界的ヒットとなる音楽を指し示すことになる。しかしながら、英米発のポピュラー音楽の受容のされ方は国や地域によって異なり、さらには各国、各地域独自のポピュラー音楽が存在している事実を我々は知っている。それぞれの「場」にはそれぞれのポピュラー音楽文化を有するという事実に対して、実証的にその実態を明らかにし、ポピュラー音楽におけるグローバルとローカルの相克や、それらの背景にあるシステムを明らかにする、という大きな問題系が浮上してくる。

　このような地域性の問題とは別に、ポピュラー音楽は「流行りの音楽、ヒットしている音楽」として、多くの人に持てはやされる時期が過ぎ去れば忘却の彼方へと追いやられてしまう、と一般に捉えられているとも言えるだろう。なるほど、流行現象という側面から捉えれば、ポピュラー音楽とは特定の時代性を反映させるという特色を持つ。だが、この歴史的流行現象のなかには、特定の時代にとどまらない普遍性を持つ、つまり流行現象だったときから時間を経ても何かしらの文化的意義を見いだすことが出来る文化（実践）へと昇華するものが存在していることを我々は知っている。このような時間的な問題もポピュラー音楽は内包している。

　ポピュラー音楽に付されたイメージの一つにマス・メディアとの親和性が高いことがあげられる。これはレコード、CD、テレビやラジオを媒介してポピュラー音楽を知ることに起因する。しかしながら、こうした「マス・メディアの時代」と、インターネットやIT（情報技術）の普及によってポピュラー音楽とそれを巡る環境の変化が著しい近年の状況、すなわちマルチ・メディアの影響力が強まってきた今日の状況とは必ずしも同一線上にあるものと捉えることは出来ない。その格好の例として、インターネットによる音楽配信、iPodにみられるような個人で容易に持ち運び出来るデジタル媒体、録音技術とコンピューターの進化による作曲法があげられるだろう。これらは、作り手側（音楽産業、演奏者、等）と受け手側（聴衆）の関係をマス・メディアの影響力が強かった時代に可能であった比較的単純な構図で語ることを難しくした。また、かつてのレコードやCDというモノを「所有する」ことがポピュラー音楽への接し方の特色の一つだったが、好きな時にインターネットを媒介してダウンロードしたり、YouTube（ユーチューブ）などの動画サイトを楽しんだりするといった「参照する」という新たな音楽への接し方も登場した（井手口 2009）。

とはいえ、こうした価値観の変化が見られる反面、新しいメディアを駆使してマス・メディア時代よりも遥かに多く、かつて流行したポピュラー音楽を享受する者たちも見受けられる。それは、YouTubeなどで手軽に過去のアーカイブへアクセスすることが可能となったためである。流行が過ぎ去っても、忘れ去られてしまうものになるとは限らない。それどころか、「マス・メディア時代」においては流行りの時期を終えたポピュラー音楽が、「マルチ・メディア時代」に再評価されることが可能となったのである。

こうしたポピュラー音楽のあり方に揺らぎが出ている状況を鑑みれば、ポピュラー音楽の学術的分析方法について再考しておく必要はあるだろう。本書では、前述した空間的、時間的な差違を視野にいれて、戦後日本の大衆文化に彩りを添えた歌謡曲に着目し、とりわけ作り手側へのインタビューを含めた分析をもとに、作り手の表現意図に関する探求、テレビ時代直前の米軍基地での音楽実践がテレビ時代に受け継がれ歌謡曲として華開いていく過程と、同時代の韓国大衆音楽との比較分析を交えた実証的考察、そして戦前から音楽活動をしたバンドマンの語りを提示することによって、これらの考察を例証する。これら論文の総体から、マス・メディア時代のポピュラー音楽を読み解くことを考え、さらにはマルチ・メディア時代のポピュラー音楽を読み解く上での同時代的なものへの考察方法を検討する一助となるようにするのが、本書の狙いである。

2. 学術的研究対象としてのポピュラー音楽とは何か

本論に入る前に先ずここで、「ポピュラー音楽」という概念について検討し、本書におけるポピュラー音楽の定義を示しておきたい。

ポピュラー音楽とは、芸術音楽と民俗音楽の中間的領域にあるもので、大量複製技術やマス・メディアの発展により大量配給が可能となって、商品としての側面が前面に押し出される傾向が強いものである。この理解のもとでは、日本の「大衆音楽」と呼ばれるものは、ポピュラー音楽の訳語と考えて差し支えない。

日本における「ポピュラー音楽」の定義は一義的には定着していない。大別すると、狭義、広義の捉え方がある。狭義では、海外、とりわけ英米の流行歌を指し、これに対比させて、日本の流行歌を大衆音楽というくくり方で理解する向きがある。その場合、ジャンル的には歌謡曲[1]が大衆音楽の最たるものとなる。一九九〇年代以降になると日本の流行歌がJ－POPと呼ばれるようになってきたが、この「J」は「Japanese」の頭文字であり、J－POPとは日本のポップという意味である。そうすると、J－POPというのも、英米の流行歌をポピュラー音楽と捉える狭義の用い方を踏まえていることに何ら変わりはない。

もう一方の広義の捉え方について述べる前に、音楽学におけるポピュラー音楽の扱い方について記しておきたい。音楽学においては従来、ポピュラー音楽が研究対象とみなされることは極めて少なかった（増田 2003: 133, 150–151）[2]。それは、音楽研究の場では作品それ自体に価値があり、社会状況とは関係性を持たないという、「音楽の自律性」の思想を忠実に守ってきた結果でもあった（渡辺 1993: 252–255）。こうした考えの根底には、ポピュラー音楽とは芸術音楽より劣ったものであり、研究に値しないという思想があったと言ってよいだろう。最初にポピュラー音楽を研究対象に取り入れたのは、地域的な特色や社会状況といった、作品を取り囲む現象をも研究対象とする民族音楽学や社会学の研究者であった。ポピュラー音楽を社会現象の一つとみなすことによって、研究対象として俎上に載せることが可能となったのである。だが、音楽学にせよ、社会学にせよ、ポピュラー音楽それ自体を積極的に研究対象としてきたとは言い難い。

早くにポピュラー音楽について言及した業績を残したアドルノ（Th.W. Adorno）は、音楽の聴き方の基本は楽曲の構造を味わうことにある、という構造的聴取を展開し、彼なりの「聖典」を提示した。アドルノは芸術音楽こそが理想的な音楽と考え、ポピュラー音楽の特徴はどの楽曲も同じような和声進行を行うという「規格化（standardization）」と、その規格化を覆い隠す「擬似個性化（pseudo-individualization）」という目新しいスタイルだとして、ポピュラー音楽を敵視した。さらにアドルノは、文化産業や独占資本による聴き手の操作を強調する（Adorno 1941, 1962 など）。

その後、アドルノの議論に応えるようにポピュラー音楽を研究対象とする者たちは、アドルノへの批判を試みてきた。もちろん「アドルノの提示した聴衆類型や、文化産業による大衆操作という見方が、アドルノ没後も繰り返し今日的な問題として浮上している（安田 2004）」のは事実だが、西洋の芸術音楽が絶対だという思想をアドルノが議論の出発点としていることは批判せずにはいられない。こういった点からみれば、アドルノが遺した音楽社会学の先行研究においてすらポピュラー音楽を正面から学術的な研究対象とするには至らなかったのも頷ける。

ポピュラー音楽を蔑視したアドルノ理論を批判的に捉えた研究が増え、カルチュラル・スタディーズなどの影響のもと、ポピュラー音楽を学術的研究対象として扱い、ひとつの学として成立させてゆこうとする潮流がある。それはポピュラー音楽研究（Popular Music Studies）(3)と呼ばれ、その特色はさまざまな学問領域の成果や方法を援用するという学際的研究にある。

先に指摘した狭義の定義とは違って、ポピュラー音楽研究ではポピュラー音楽を広義に捉えようとする傾向が顕著である。ここではポピュラー音楽の各ジャンルの特色に特化して問われることはない。というのも、音楽ジャンルによる差違を基準にポピュラー音楽の定義を試みても、音楽ジャンルの定義そのものが聴く人によって揺れ動くことがあるからである。たとえば、テレビで放映された《ルパン三世のテーマ》をアニメソングだと認識している人もいれば、この楽曲がアニメ番組のテーマ曲だということを知らない人には、ジャズだと認識されるであろう(4)。他の例をあげるならば、ある楽曲について、アレンジによって楽曲の雰囲気を大幅に違えたり、ジャンルの違う歌手が歌ったりすることによって、音楽ジャンルが定まらなくなってしまうこともあり得る。議論を共有するためにも、音楽のジャンルや様式による定義をするのではなく、先述した大量複製技術や商品化というポピュラー音楽の発展を支えたシステムの側面に着目することによって、「ポピュラー音楽とは主に二〇世紀以降、すなわち複製技術の発展によって大量配給が可能であり商品化された音楽である」と定義しておきたい（山田 2003: 9）。

このようにポピュラー音楽を広義に捉えることによって、人々のもとに届けられる、鳴り響く音楽テクストだけにとどまらず、それらを取り囲む生産、消費といった側面はもちろんのこと、ポピュラー音楽を介して意味生成されるものまでもがポピュラー音楽を研究対象とした際に考察範囲と考えることが出来るようになる。これに基づけば、日本のポピュラー音楽の中心をなすのは、明治以降に生まれ、とりわけレコード産業と密接な関係をもったものであると言えよう。このなかには盆踊り歌や民謡といった、元来民俗音楽の範疇に属するものであっても、たとえば《東京音頭》（一九三三年）のような、レコードやラジオを媒介として流行した新作の新民謡なども含まれることになる（東谷 2005a: 4-5）。本書も基本的にここに言及した広義でのポピュラー音楽の定義をとるものである。

3. ポピュラー音楽の捉え方

ポピュラー音楽を学術的な研究対象とするときに重要になってくるのは、前節で指摘したようにポピュラー音楽を広義に捉えることと、伝統的な作家作品論といったものに固執しないことである。

音楽学、社会学、文学、メディア・スタディーズなど多様なディシプリンの研究者が果敢に研究対

図1　ポピュラー音楽を研究対象とした時の分析フレーム

Production — Text — Audience (Longhurst 1995: 24)

象にアプローチしている研究群であるポピュラー音楽研究の成果を基に、ブライアン・ロングハースト（Longhurst, B.）が、ポピュラー音楽を研究対象とした際に視野にいれておくべき重要なフレームを簡潔にまとめたモデル（図1）をみてみたい。

この単純なモデルでは「Text」という言葉を選んだ時点で、作家作品論との訣別をあらわにしていることがわかる。さらに「Production（プロダクション／生産）」、「Text（テクスト）」、「Audience（オーディエンス／聴衆）」を並列することによって優劣をつけない、どれもが対等であることを明確にしている点も見逃すわけにはいかない。ここから、「テクスト」だけを研究対象とするのではなく、テクストを生み出す「プロダクション」と、テクストを享受する／消費する「オーディエンス」をも視野にいれておくことが重要だということも読み取ることが出来る。もちろん、どれかの領域に重点的に着目することでもかまわないのだが、その際には他の領域も視野にいれることが求められる。

簡略な図式なので、少し詳しくみてみよう。先ず、プロダクション（Production）には、作詞者、作曲者、編曲者など様々な作り手以外に、音楽産業に分類される人たちやモノが含まれる。次に、テクスト（Text）は、演奏された楽曲であり、歌詞も含まれる。ここで触れたテクストとは、書かれたもの（楽譜や歌詞）だけにとどまらず、鳴り響く音そのものも含めたものを指す。最後に、オーディエンス（Audience）は、音楽の受け手、すなわち聞き手だが、彼らが音楽を聞くことに関する行動、たとえばレコード、ＣＤやＤＶＤの購入、楽曲のダウンロードや、コンサートに出かけたり野外フェスティバルを楽しんだりすることも含まれる。

それぞれの関係性についても考えてみよう。テクストは、プロダクションとオーディエンスが交差することによって、意味生成が行われる場と考えることが出来る。というのも作り手の創意工夫がテクストを生み出すだけではなく、オーディエンスにとって「ある曲が流れるとあの頃の自分（に関わる出来事）を思い出す」というように、テクストが個人の出来事を記憶する装置になる、すなわちテクストが個人的な文脈によって解釈される（た）もの、個人史を記憶する装置になるからである。こうした媒介という側面とは別に、「ポピュラー音楽の消費の体験は、時間と場所に根深く埋め込まれている（大山 2008: 236–237）」という側面にも目を配っておきたい。これらの働きのわかりやすい例として、テレビやラジオ番組で、リクエストされた曲にリクエストした人のエピソードを紹介することがあげられよう。またこの意味生成に着目した学術的研究に、中高年が彼らの青春時代をともにしたポピュラー音楽を懐かしんで歌うことについて当事者へのインタビューを行った研究もある（小泉 2013）。

個々人の思いではなく、流行現象を特定の時代性とみなし、それらが集合的な記憶となる（Davis 1979）側面もポピュラー音楽は持ち合わせている。これは「ある曲が流れるとあの頃の社会（世相）

を思い出す」というように、テクストが「時代」を記憶する装置になる、特定の時期（時代）を表象する、つまり最大公約数的な、一般性を持たせる指向があるもの、という側面もテクストの意味生成には存在する。

　ここで、本書が考察対象とする戦後日本のポピュラー音楽について、この図式で検討してみたい。今一度、戦後日本の大衆文化(5)についての研究的視座を考えてみよう。大衆文化に関する言説がポピュラー音楽を扱う際に、たんなる時代を表象するものとしてしか言及することが出来なかったのは、それらを支えるシステムに目をむけることが出来なかったからであろう。またヒット曲はどのようにして産まれたのかという点に着目したものは、その時だけの現象として解明しようとしていたに過ぎず、歴史的な視点に欠けているといえるだろう。

　一方、歴史的な視点を有した言説もないわけではない。たとえば、プロダクションに着目したものとして、送り手側であるスターや歌手側の発言等がある。だが、これらの記述はどうしても個人史、あるいは成功譚に終始してしまうという限界がある。また、テクストに着目したものでは、歴史的な記述を心がけていても、ジャンル史に特化してしまい、他ジャンルとの関係性が稀薄なものになってしまっているのは言うまでもなく、時代の全体像も見えにくいものとなってしまっている。さらに、オーディエンスに焦点をあてたものに至っては、ポピュラー音楽というテクストを消費している聴衆自らがテクストへの思い入れを熱く語っているに過ぎない。それゆえ、自らがどのような立ち位置で発言しているのかということなど自覚する余地もない。

もちろん、ここで記したような批判は個々の事例を否定するものではない。ましてやそれがエッセイや評論といった類のものであるならば、学術的な研究を行う際には、それらを資料として掬い上げる方向に目をむけるほうが生産的であろう。しかしながら、学術的な視点からポピュラー音楽を考察したり、ポピュラー音楽の歴史を記述したりすることを目指すならば、前述した視野が狭いという不備は乗り越えなければならない。なるほど、ジャンルごとの個別史を記述することは重要である。それなくしては、事象の整理ができない。だが、各ジャンルの歴史に対する考察の積み重ねを総和することで、ポピュラー音楽の歴史を語ることが出来ると言えようか。ポピュラー音楽を学術的に研究する際には、プロダクション、テクスト、オーディエンスの何か一側面だけに着目するのではなく、ポピュラー音楽を巡る様々な事物やポピュラー音楽を取り囲む様々な状況に着目すべきである（東谷 2005d: 185–186）。

4. メディエーションから考える

ここまでに言及した、テクストをめぐるプロダクションとオーディエンスを媒介するもの、つなぐもの、すなわちメディエーション（mediation）へのまなざしもポピュラー音楽を捉える時には重要になってくる。日本の大衆文化の研究において、メディエーションへの着目はあっても、そのほとんどがマス・メディア、とりわけテレビを主軸とするものであった。もちろん、テレビがポピュラー音楽に果たした役割は多大なものであったことに異論はない。だが、ポピュラー音楽を研究対象とした時に意識したいメディエーションはマス・メディアだけにとどまらない。

では、こうしたポピュラー音楽を支えるメディエーションとは何であろうか。音楽が世界的に広く知れわたる、グローバルという視点を加味して、ポピュラー音楽を中心とした音楽の広がり方に大きな影響を与えたメディエーションに着目すると、以下のような時代区分を考えることが出来る（東谷 2008: 117–118）。

五線譜が威力をもった時代
米軍基地が威力をもった時代
マス・メディアが威力をもった時代
マルチ・メディアが威力をもつ時代(6)

これらの時代区分には境界となる明確な年月日があるわけではないが、比重のかかりかたの違いでみれば「五線譜→米軍基地→マス・メディア→マルチ・メディア」という段階を経て移り変わったと言えよう。この点においては、ポピュラー音楽の歴史を概観するうえでも有効であろう(7)。

この時代区分はポピュラー音楽にみるグローバル化を捉えるための見取り図の指標と成り得る。しかしグローバル化とはいえ、根底にあるのは、西欧圏の音楽が非西欧圏へ進出していく際に、支えとなったものがこれらの存在だったという点を意識しなくてはいけない。ポピュラー音楽のグローバル化とは、とりわけ二〇世紀以降はアメリカナイゼーションであったといっても過言ではないだろう。ヒットした楽曲はもちろんのこと、ジャズ、ロック、フォークソング、ヒップホップといった主要ジャンルにせよ、音楽産業にせよ、ありとあらゆるものがアメリカ発であったことを鑑みれば納得がいくだろう。

だが、ポピュラー音楽とはアメリカ発の音楽だと当然視することは出来ない。たしかに強力なメディエーションを支えとして、アメリカ発のポピュラー音楽が世界各地に流入した。日本もその例に漏れない。だが、グローバル化とは逆にアメリカ発のポピュラー音楽を受容し、独自の発展をした日本においてローカル・アイデンティティという側面が、見え隠れしていることを見逃すわけにはいかない。アメリカが本物だという真正性の指向を前面に押し出す者たちがいるということは、それだけ、アメリカ発のオリジナルが何らかの形で変化していることを意味していると言えるだろう（東谷 2008: 128–129）。

いずれにせよ、ポピュラー音楽を論じる際に我々は眼前のものにばかり目をむけてしまい、全体を把握しようとする視座を見失うきらいがある。この点について、ポピュラー音楽に学術的にむき合うときには強く自覚しておかなくてはならないことは確かなことである。

5. なぜ作り手に着眼するのか

本書では、すでに言及した、ポピュラー音楽を学術的研究対象として考察する際に、「Production—Text—Audience」というモデルを意識しつつ、とりわけポピュラー音楽の作り手側、すなわちプロダクションに目をむける。では、なぜ作り手側に着目するのか、そして作り手側に着眼することによって、何を読み取ることが出来るのか、について考えてみたい。

テクストをめぐって、聞き手が意味生成する方向性は「個人的な文脈によって解釈されるもの」と「最大公約数的な、一般性を持たせる指向があるもの」に大別されることはすでに指摘した通りだが、作り手は、聞き手がテクストへ思いを書き込むことについて、どのように思っているのだろうか。この問いについて二人の作り手側による対話をみてみよう。

A：この歌《流星》に思い入れしてる人も多いよね。

B：歌ってそういうことがあると思うんだけど。あのう、作った本人の意図とは別に、違うところで歩き始めるっていう歌が多くて。《流星》はとくにね、僕の作った意図とは全然違う受け止められ方をしている感じが多い。僕はよく、ことある毎に、この曲はこういう感じなんだと言ったりしてるんだけど。(8)

この対話は、谷村新司がホストを務めるテレビ番組で、ゲストの吉田拓郎と谷村新司との間で交わせられたものであり、Aが谷村で、Bが吉田の発言である。谷村新司、吉田拓郎ともに、シンガーソングライターとして、四〇年以上の音楽活動をしている経験豊かなポピュラー音楽の作り手である。

この番組では、吉田拓郎の楽曲で好きなものについてエピソードを含めて話してもらう街頭インタビューを数名に行い、その模様をスタジオで谷村と吉田が見た上で先の対話が引き出された。この対話のなかで面白いのは、吉田が歌に込めた思いや作詞の背景を「ことある毎に、この曲はこういう感じなんだと言ったりしてる」という点である。おそらく吉田に限らず、作詞家なり楽曲の制作に携わった作り手が制作への思いを聞き手が目にする音楽雑誌や耳にするラジオなどの媒体で語っていることは多いだろう。それにもかかわらず、聞き手がテクストへ自分の思いを書き込むことは多いし、作り手も作者や作品の意図を強く主張することがない点がポピュラー音楽の特色なのかもしれない。

逆に、こうした聞き手によるテクストへの書き込み作用をわかった上で、音楽を発信している事例をとりあげてみたい。バンド・いきものがかりのリーダーとして、作詞作曲も担当している水野良樹は、自分がメインで出演しているラジオ番組で（9）、歌謡曲でかつてヒットした楽曲や歌手にスポットをあて、彼自身の解析を試みている。その番組のなかでアシスタントから、いきものがかりのボーカルの吉岡聖恵のよさを問われると、大観衆を前にしたステージで、緊張していても、かまえることなく、普通に歌っているように見せる点を評価する。さらに、なぜ普通に歌っているのかがよいのかについて、大袈裟に歌わない、いたって普通に歌うことで、聞き手が、自然に歌詞を聴き、歌詞にそれぞれの思いを託してくれやすいからだという趣旨のことを説得的に話した。この指摘をした放送日とは別の日には、水野自身が作曲した、いきものがかりの楽曲には弱起で始まるものが多いと発言し、その理由として弱起の方がボーカルの吉岡聖恵の声がよく通り、聞き手に歌詞がよく響くという趣旨のことをあげている。

このように作り手が聞き手を強く意識しているのは作曲や歌い手にとどまらない。他にもアレンジや、どういったマイクを使うのか、あるいはマイクをどこに置くのか、エンジニアによる工夫など、この類の話は枚挙にいとまがない。だが、これらの作り手側の工夫やその意図は、各々のエピソードとして語られ、活字や音源として残っていることもあるだろうが、大方は残っていない。いや、残そうと意識していないのではないだろうか。

作り手側のスター某やアーティスト某のことを熱狂的に支持するファンの存在をあげるまでもなく、ポピュラー音楽は人々の心に響いたり、記憶に残ったりする、といった受け手側に焦点をあてることの方が多いのではないだろうか。だが、テクストは作り手と受け手が交差し、意味が織りなされる「闘いの場」でもあることを鑑みれば、作り手側への着目から、読み解くことが出来るものを見逃すわけにはいかない。

本書では、同時代史として作り手側にいる人々の記憶を記述し、基礎資料として整備することも念頭にいれ、作り手側への聞き書きを方法として用いている。作り手側へのインタビューは、新聞、音楽ジャーナルなどの記述があるとはいえ、商業主義的要素が強いポピュラー音楽にとって、関係者間での利害関係を考慮する余り同時代的に語ることが出来ない事情もある。むしろ、少し時を経てからの方が発言も可能になってくるだろうし、見えてくるものもある。だが、学術的研究と商業誌とでは目指すところが違うことは強く意識しておかなくてはならないだろう。

6. 本書の意図と構成

ここまでに言及してきたポピュラー音楽へのむき合い方を踏まえた上で、本書では、戦後日本の歌謡曲を議論の出発点とした、作り手側へ着眼した論文について、Ⅲ部7章に構成した。以下に、次章以降の各論の意図を示しておきたい。なお、第2章を除くすべての章で、何らかの形で筆者自身が当事者へインタビューを行い、それを基に論じていることも本書を通底している鍵語に近いことを記しておきたい。

Ⅰでは「作り手の意図に迫る」と題して、第1章では日本のポピュラー音楽のテクストについて、とりわけ表現形式を明治以降から系譜的に捉える。音楽にのせて歌った歌詞などの言語的側面はもちろんのこと、歌手個人の独特な表現、たとえば「こぶし」などの非言語的側面も視野にいれている。さらに、メディア環境の変化、多重録音などを背景に、作り手側によるテクストそのものが複雑化していく。複雑化されたテクストのなかでも一九九四年にテレビ番組のために制作された中島みゆき《ローリング》を事例分析する。このテクストは、すでに完成されたテクストを自由に融合させて誰もが作り手となることを可能にしたYouTubeなどの先駆け的なものとして捉えると興味深い。この事例では「ことば」について比重をおいていることがわかるのだが、ポピュラー音楽にとって、とりわけ日本においては歌詞のもつ意味は大きい。

この点を踏まえ、第2章では分析対象として、戦後歌謡曲の代表的作詞家の一人である阿久悠の歌詞を取り上げ、それらの歌詞分析を提示し、併行して歌詞分析の問題と課題を提示する。

第3章では、第2章で事例分析した阿久悠の創作原点に迫る。ここでは、阿久の手によって書かれたエッセイと筆者が直接、阿久悠にインタビューした内容を手がかりに論が展開される。内容的には阿久悠という作り手の創作姿勢を探求するものであるが、個人の語りから当該の個人が生きた同時代を検証する基礎資料に発展させることが出来るよう工夫を施した。

Ⅰで提示される論文は、ややもすれば新鮮味がないと受け取られるかもしれないだろう。しかしながら、第1章においても、制作者側への直接のインタビューをするなど、きわめて実証性の高い論文であることをここで示しておく。というのも学術論文という体をとりながらも、印象批評にとどまっているものが、残念ながら、いまだに散見されるからである。また、実証性を担保として書かれたり、一次資料などの基礎資料整備を念頭におかれて書かれたりした論文の積み重ねなくして、ポピュラー音楽の学術的研究の発展はあり得ないだろう。屋上屋を架してしまうが、学術研究において基礎研究の必要とその重要性は言を俟たない。

先述した、新鮮味が欠けるように思われてしまうかもしれない理由は、論の内容ではなく、論述の方法や目指す方向が印象批評や音楽評論と似ていると錯覚されてしまうからなのかもしれない。こうした問題を打破する方法として、Ⅱでは、「音楽システムを読み解く」と題して、テクストそのものに着目することによって導き出された、すなわち当該テクストがどのようなシステムの下にうまれ、いかなる歴史を経てきたのか、について明らかにした論文を提示する。ここでいうシステムとは、ポピュラー音楽を支え、発展させたものであり、本書では米軍基地内に設置された米軍クラブである。

前述したポピュラー音楽を支えるメディエーションの区分けに従えば、第4章では「マス・メディアが威力をもった時代」を考察対象としており、続く第5章と第6章では「米軍基地が威力をもった時代」を考察対象としている。私は米軍クラブでの音楽実践に着目し、その文化的意義を探った拙著『進駐軍クラブから歌謡曲へ――戦後日本ポピュラー音楽の黎明期』（二〇〇五年）をはじめとした米軍クラブに関する一連の論文をこれまで世に問うてきたが、これらの問題関心の起点は第4章の論文で言及した、歌謡曲に鳴り響くブラスサウンドの存在、すなわち音楽テクストそのものにある。

第4章では、ブラスバンドという身近な存在に光をあて、ブラスサウンドが日本のポピュラー音楽の歴史にとって、極めて重要なものであったことを論じる。ブラスバンドによって奏でられる音、すなわちブラスサウンドは戦後日本の歌謡曲の多くで鳴り響いていた。たとえば、テレビの歌番組ではホーンセクションの入ったバックバンドの前で歌手が歌い、その模様がお茶の間に届けられた。「マス・メディアが威力を持った時代」だったゆえに、その浸透力は計り知れないほどだったことは容易に推測できよう。ある時代のある楽曲だけに目をむけるのではなく、ある程度長いスパンで、戦後の歌謡曲にみるブラスサウンドに着目してみると、バックバンドの存在から浮かび上がってくる問題がある。それは、バックバンドのメンバーのなかに米軍基地での演奏経験者が比較的多かったことである。彼らのなかには戦前の軍楽隊出身者もいたほどである。さらには、テレビの歌番組に出演した歌手の多くが、ナベプロ、ホリプロといった創設者が米軍クラブでの演奏経験のあった事務所に所属していた。こうした背景とは別に、戦後日本の歌謡曲の特色にブラスサウンドが鳴り響いていた、つまりブラスサウンドが「時代の音」だったことが明らかとなる。

戦後日本の歌謡曲華やかなりし頃、すなわちテレビ黄金期を迎える準備が、占領期日本の米軍基地内に設置された米軍クラブでの音楽実践にあった。つまり、米軍基地という一カ国一地域にとどまらない世界的展開、グローバル化の下に、米軍基地が設置された当該地域のバンドマンが米軍クラブに出入りすることによって、米軍クラブで流れたポピュラー音楽を受容し、彼らの住む国や地域にそれぞれの流儀で米国のポピュラー音楽を根付かせていったのである。ここにはグローバル化したポピュラー音楽がローカル化していく過程を見て取ることが出来る。

これらを踏まえた第5章では、ポピュラー音楽にとって、米軍クラブとはどのような存在であったのかを当事者へのインタビューを含めて明らかにする。とりわけ、実体験者である作り手側、すなわち自国にもかかわらず、自国の人間の立ち入りが禁止されていた、アメリカに接収された「アメリカ」という異空間に出入りすることが出来たバンドマン、仲介業者、クラブの従業員たちが、アメリカをどのように感じていたのかまで視野にいれる。前述した通り、米軍基地は世界的展開をしていたため、東アジアでの同時代の状況を検討する一助として、韓国との比較を行う。第二次世界大戦後に異なる道を歩んだ日韓だが、米軍クラブからアメリカのポピュラー音楽を受容した点においては極めて似ている。

日韓ともに、第二次大戦後に米軍基地が設置され米軍クラブでの音楽実践が始まるものの、韓国では状況がやや異なっていた。第6章では、駐韓米軍基地内に設置された米軍クラブで韓国芸能人がショーを行った「米8軍舞台」がどのように形成されたのかを形成期以前に探り、当事者のインタビューを中心に明らかにする。この点において第6章は韓国大衆音楽史における米軍クラブの役割を表した第5章と対になるものである。

Ⅲでは、「作り手の思いを引き出す」と題して、作り手がどのように音楽活動を行ってきたかについて、インタビューを通して様々な思いを引き出すことを狙いとし、第7章では、二〇一五年六月に永眠された、陸軍軍楽隊出身の高澤智昌がどのように戦後をバンドマンとして歩んだのかについて明示する。一見するとたんなる語りが呈示されたように思われるかもしれないが、当時のポピュラー音楽の作り手側の状況がわかるように工夫が施されている。たとえば、テレビ局に写譜をする人がいたことなど、今日では想像すら出来ないのではないだろうか。記録に留めておかなければ埋もれてしまうこうした事柄についても目配りし、積極的に掬い上げている。第7章で提示されるバンドマンのライフヒストリーの再構成で描かれたバンドマンの音楽活動は、第4章と第5章の内容に呼応したものとなっており、個人史から戦後日本のポピュラー音楽史を読み解くことも出来るだろう。

以上、これらの論文の目指すところは、歴史的な視点とそれを念頭にした作り手側への聞き書きとその精査によって、ポピュラー音楽をたんなる流行現象にとどまらない普遍的な文化として読み解くことにある。本書では戦後日本の歌謡曲を中心に考察するが、これら論考の総体は、これまでの音楽研究が音楽の価値にとらわれることが多かったのに対して、音楽への見方と研究方法の多様化を促すだけにとどまらず、同時代史、ポピュラー文化史の記述のあり方を提示するものでもある。なお、著者自身の行ったインタビューによって得られた知見のうち未発表のものについては、その都度出典を明示しない。また、インタビューの日時等については、注に記した。

I　作り手の意図に迫る

第1章　作り手は表現の工夫をいかにしたのか
——日本のポピュラー音楽表現史構築にむけて

はじめに

ポピュラー音楽に接した際、我々は何に興味を惹かれるのだろうか。歌詞、楽曲、歌手はもちろんのこと、イントロで鳴り響くギターの音色である可能性もある。[1] 考えられる要素をいちいち取り上げるまでもなく、複雑多岐に亘っていることは言うまでもないであろう。このようなポピュラー音楽に対して、「文字言語を扱う表現」という視点だけでは、歌詞を考察することで手一杯である。[2]

本章では、第一次テクスト（Primary Text）[3]という視点を導入することによって、その不備を補い、日本のポピュラー音楽を通史的に見渡した時に、どのような特徴が見いだせるのかという点（1節）、また今後のポピュラー音楽における表現の可能性について、テクストの融合化という点から事例分析を行う（2節）。なお、本章では、ポピュラー音楽が、商業的側面の強いことを考慮して、楽曲が商品として世に出された初出時を第一次テクストとする。したがって、本章におけるポピュラー音楽とは、レコードが登場してからのものという条件がつくことを記しておく。

1. 単線的テクストにみる作り手の工夫

ポピュラー音楽の楽曲は、基本的には歌手によって歌われる。聴衆は、それらの楽曲をかつてはレコードで、今日ではCDやインターネット上からのダウンロードを媒介して楽しんだり、テレビや実演を見て楽しんだり、カラオケなどで自分でも歌って楽しんだりもする。通史的に検討してみると、いくつかの要素をとりあげることが出来る。ここでは、それらの一側面を指摘してみたい。

歌詞

歌詞そのものをみてみると《復興節》（一九二三年、作詞・編曲：添田さつき）（表1-1）(4)のように関東大震災後に演歌士によって歌われた、社会性の強い歌詞がある。「歌は世に連れ、世は歌に連れ」という言い古されたことばも、このあたりの歌詞には当てはまると言えるだろう。(5)また、カタカナを上手く歌詞にのせた早い時期の例としては、《東京行進曲》（一九二九年、作詞：西條八十、作曲：中山

表１−１《復興節》の歌詞

家は焼けても 江戸っ子の 意気は消えない見ておくれ アラマ　オヤマ
忽ち並んだ バラックに 夜は寝ながらお月さま眺めて エーゾエーゾ
　　帝都復興 エーゾエーゾ

嬶《かかあ》が亭主に言ふやうは お前さんしっかりしておくれ アラマ　オヤマ
今川焼さへ復興焼と 改名してるぢゃないかお前さんもしっかりして エーゾエーゾ
　　亭主復興 エーゾエーゾ

騒ぎの最中に生れた子供 つけた名前が震太郎 アラマ　オヤマ
震地に震作 シン子に復子 其の子が大きくなりゃ地震も話の種 エーゾエーゾ
　　帝都復興 エーゾエーゾ

学校へ行くにもお供をつれた お嬢さんがゆであづきを開業し アラマ　オヤマ
はづかし相《そう》にさし出せば お客が恐縮しておじきをしてうけとる エーゾエーゾ
　　帝都復興 エーゾエーゾ

表１−２《東京行進曲》の歌詞

昔恋しい銀座の柳
仇な年増を誰が知ろ
ジャズで踊ってリキュルで更けて
明けりゃダンサーの涙雨

恋の丸ビルあの窓あたり
泣いて文かく人もある
ラッシュアワーに拾ったバラを
せめてあの娘の思い出に

廣い東京　恋ゆえ狭い
粋な浅草　忍び逢ひ
あなた地下鉄私はバスよ
恋のストップまゝならぬ

シネマ見ませうか　お茶のみませうか
いっそ小田急で逃げませうか
変わる新宿あの武蔵野の
月もデパートの屋根に出る

晋平、歌：佐藤千夜子）（表１−２）(6)をとりあげることが出来る。歌詞のなかに「ジャズ」「リキュル」「ダンサー」「丸ビル」「ラッシュアワー」「バス」「ストップ」「シネマ」「デパート」といった外来語がふんだんに使われている。このように言葉をどう用いるかという単語レベルでの工夫は、すでに戦前から見受けられる。

さらに、歌詞のなかでひとつの物語を作るということがある。そのなかでも映画を意識して作ったという

表1－3 《ジョニィへの伝言》の歌詞

ジョニィが来たなら伝えてよ
二時間待ってたと
割と元気よく出て行ったよと
お酒のついでに話してよ
友だちなら　そこのところ　うまく伝えて

ジョニィが来たなら伝えてよ
わたしは大丈夫
もとの踊り子でまた稼げるわ
根っから陽気に出来てるの
友だちなら　そこのところ　うまく伝えて

＊今度のバスで行く
西でも東でも
気がつけばさびしげな町ね
この町は

友だちなら　そこのところ　うまく伝えて

＊Repeat

ジョニィが来たなら伝えてよ
二時間待ってたと
サイは投げられた　もう出かけるわ
わたしはわたしの道を行く
友だちなら　そこのところ　うまく伝えて
うまく伝えて

《ジョニィへの伝言》（一九七三年、作詞：阿久悠、作曲：都倉俊一、歌：ペドロ&カプリシャス）（表1－3）がある（阿久・和田 1985）。この曲の歌詞では、三人の登場人物が出てくるが、題名にもなっているジョニィは、登場しない。町を出て行く女は、バスに乗って東か西に行く。かつてしていた踊り子でもして食べていくから、ジョニィへ伝えておいてほしい、とバーテンダーらしき人物に話しているという場面設定である。興味深いのは、明らかに日本ではない、アメリカ的な絵を歌詞で描いている、ということである。というのは、日本では、バスに乗って東にも西にも行くことが出来るという発想はなかなか出来ないからである。

ここで指摘したような歌詞の工夫は、ポピュラー音楽の表現を考究する際には、外せないだろう。

非言語的な側面

ここまでは、楽曲の一部である歌詞という、いわば誰が歌っても固定されている面を指摘した。ここでは、歌い手によって、あるいは同じ歌手でも変化しうる要素について指摘したい。

リズムを最初にとりあげてみたい。美空ひばりが歌った《リンゴ追分》（一九五二年、作詞：小沢不二夫、作曲：米山正夫、歌：美空ひばり）という曲がある。楽曲そのものは、西洋音楽的に強弱という拍を持ったものとして作曲されているが、美空ひばり自身が「追分」という自由リズムに出来るだけ近づけようとしている工夫が歌唱の中に現れている。さらに、美空ひばりの歌い方は、第一次テクストと晩年に歌ったものとでは、違いも出ている。

これと同じように、歌い手の個性に着目すると興味深いものに「こぶし」がある。内山田洋とクール・ファイブが歌った《噂の女》（一九七〇年、作詞：山口洋子、作曲：猪俣公章、歌：内山田洋とクール・ファイブ）では、リード・ボーカルの前川清の歌唱が、とりわけ「こぶし」と息づかいが印象的である。特に一番と三番を比べてみても、歌い方が違っているなど興味深い。また、楽曲もイントロからテナー・サックスが鳴り響き、ムード歌謡を彷彿させるものである。

ここで、楽曲のなかで使われる楽器などから、「時代の音」というものがポピュラー音楽には見出せるということを指摘しておきたい。これは、演奏に使われる楽器の流行り廃りなどが楽曲に顕著に現れている場合に特色が出やすい。たとえば一九九〇年代半ばに小室サウンドと呼ばれた《DEPARTURES》（一九九六年、作詞・作曲：小室哲哉、歌：globe）を代表とする楽曲などは好例と言えよう。

ここまでに言及したことは、すべてが単線的テクストという形で共通項を持っている。すなわち、どれほど工夫をこらしても一つのテクスト以外の何ものでもない、ということである。たとえば、歌手が楽曲を歌う時に振り付けをしたとしても、第一次テクストに対して付け加えたものに過ぎない、と考えられる。また、楽曲の一部に別の曲の一部を引用したとしても、本歌取り的な手法を用いたに過ぎない、として考えられる。

融合化するテクストの登場

一九八〇年代に入って、このような単線的テクストに変化が現れてきた。それまでは、歌手がいくら振り付けをしたとしても、第一次テクストはレコードであったにもかかわらず、ビデオの登場でそれは、大きく変化した。第一次テクストとして、映像を取り込んだビデオの発売が大きな変化をもたらしたと言えよう。

さらに、すでに完成された単線的テクストどうしを融合化することによって、新しいテクストを作る、サンプリングという手法を用いた楽曲作りも出てきた。たとえば、SWEET BOX が歌った《Every Thing's Gonna Be Alright》(7)（一九九八年）という楽曲は、楽曲そのものはラップであるが、バックのストリングスで流れているのは、バッハの《G線上のアリア》である。この《G線上のアリア》は、それだけで単線的テクストとして存在している。つまり、テクストとテクストを融合することによって、新たなテクストを作り上げているのである。

もちろん、単線的テクストとは併存するものであるが、融合化するテクストの登場によって、ポピュラー音楽における表現の可能性が広がったことは言うまでもない。

2. テクストの融合化にみる試み

分析テクストについて

一九八〇年代以降のポピュラー音楽の表現は、単線的テクストにとどまらず、テクストを融合するなどの新しい動きがあることは、すでに指摘した通りである。ここでは、さらに新たな試みをしたテクストをとりあげたい。

分析テクストは、ＮＨＫ衛星放送「もっとみゆきと深い仲」第一夜「時代―Time goes around―」で放映されたなかの、中島みゆき《ローリング》（表1－4）である。ただし、この《ローリング》の初出、つまり第一次テクストは、一九八八年で、ＣＤで発売された単線的テクストである。(8) したがって、本章で分析対象とするテクスト（表1－4）は、単線的テクストに映像等の加工を施したに過ぎないと考えられるが、決してそうではない。テクストの融合という側面が極めて強く、また非常に興味深いテクストであるため、本章でとりあげることにしたい。なお、表1－4は著作権の関係上、分析対象のテクストの一部を提示したものであることをここで断っておく。

先ず、中島みゆきに関して、簡単に触れておこう。中島みゆきは一九五二年札幌市生まれのシンガ

表1−4　分析テクストの一部

経過時間　0分0秒
（テクスト開始）
画像1カット目

経過時間　0分10秒
画像2カット目

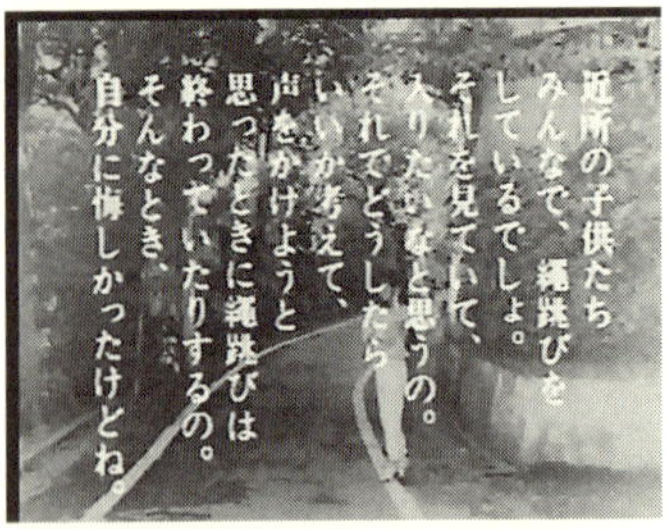

経過時間　0分25秒
画像2カット目

経過時間　1分41秒
画像10カット目

ーソングライターである。一九七四年に藤女子大学国文学科卒業後、一九七五年に《アザミ嬢のララバイ》でデビューした。主なヒット曲は、(9)《時代》（一九七五年）、《わかれうた》（一九七七年）、《悪女》（一九八一年）、《空と君のあいだに》（一九九四年）、《旅人のうた》（一九九五年）、《地上の星》（二〇〇〇年）、《麦の唄》（二〇一四年）などである。なお、以上の楽曲は作詞、作曲、歌のすべて中島みゆきである。さらに他の歌手に作詞家、作曲家として楽曲の提供もしており、一九九八年一二月から二年間、国語審議会委員（文部科学省）を務め、二〇〇九年には紫綬褒章を受章している。

テクストの構成

分析テクスト（表1‐4）が、どのような構成になっているかを検討したい。なお、テクストの構成をより厳密に検討するために制作者サイドへのヒアリングを行った。(10)「楽曲」「映像」「テロップの言葉」というテクストが融合し、一つのテクストを作りあげている。これら三つのテクストをそれぞれみていきたい。

「楽曲」からみていくことにする。五線譜で表すと表1‐5のようになる。なお、この楽曲は、このテクストのために新たに録音されたものではなく、一九九三年に発売されたCDの音源を使っている。これは、一九八八年に発売された第一次テクストを全面的に編曲し、新しく録音されたものである。さらに、歌詞は、三番まであるが、分析対象にしたテクストでは、三番に入る直前の間奏で、テクストは終わっている。具体的には歌詞は表1‐6で提示した通りであり、表1‐5の譜面の最後七小節に

表1−5《ローリング》の五線譜

入る直前に、転調する。なお、表1−5の譜面では、分析テクスト通りにしたため、八小節目は、記さなかった。

「映像」は、すべて静止画像で、一六カットあり、画像はすべてモノクロである。

最後に「テロップの言葉」をみてみる。表1−7にあるようにそれぞれまとまった文章である。①〜⑩は、すべて中島みゆきが、新聞雑誌等で発言したり書いたりしたものである。これらの言葉は、ほぼ二〇年に亘っている。年代が書かれていないものもあるが、すべて年代順になっている。

これらのテクストがどのように融合化されているかをみてみると、楽曲の進行とともに、映像が変わっていく。この静止画像にテロップが流れる。なお、時間にして三分である。また、分析テクストは、すでに存在しているCDの音源（楽曲）を用意し、一六カットの写真を用意した。さらに中島みゆきが、新聞や雑誌の取材に発言したり書いたりしたもののなかから言葉を選び出し、それらを時代順に並べて作成された。

表1−6 《ローリング》の歌詞[11]

1. 工事ランプの凍る路地をたどって
探しあぐねた　たむろできる場所を
昨夜騒いだ店は客を忘れて
一見相手の洒落た挨拶を配る
Rollin'Age　淋しさを
Rollin'Age　他人に言うな
軽く軽く傷ついてゆけ
Rollin'Age　笑いながら
Rollin'Age　荒野にいる
僕は僕は荒野にいる

2. 黒白フィルムは　燃えるスクラムの街
足並揃えた幻たちの場面
それを宝にするにはあまり遅く生まれて
夢のなれの果てが転ぶのばかりが見えた
Rollin'Age　淋しさを
Rollin'Age　他人に言うな
軽く軽く傷ついてゆけ
Rollin'Age　笑いながら
Rollin'Age　荒野にいる
僕は僕は荒野にいる

作り手の意識を読む

ここで着目したい点として、中島みゆき本人が制作に関わっていることがあげられる。テクストの制作にあたって、制作スタッフが作ってはいるものの、中島みゆき本人が制作のコンセプト自体に関わっており、最終的にテクストの出来上がりにも本人が確認をいれている。楽曲の作詞作曲も本人がしていることを考慮すれば、融合化した

表1－7　テロップの言葉

①
近所の子供たち
みんなで、縄跳びを
しているでしょ。
それを見ていて、
入りたいなと思うの。
それでどうしたら
いいか考えて、
声をかけようと
思ったときに縄跳びは
終わっていたりするの。
そんなとき、
自分に悔しかったけどね。

②
あたしはね、
〝自分に出会うため〟
に歌ってるんです。
〝もう一人のあたし〟
がいるみたいな
気がするんですね。
七十五年

③
一人でいるのが
好きなときもあるし、
人といるのが
いい時もあるし。
でもしょっちゅう
変わるわよ、あたし
すごくムラだから。
魚座の人だもん。

④
言葉の傷というのは
本当に深いの。
そして私は
言葉に対する憧れが
すごく強いんですよ。
七十七年

⑤
幸せという字は、
辛いという字に
似ています。
十分に辛い
思いをした人が、
幸せになれるんだと
思っています。
八十七年

⑥
音楽は
おもちゃじゃない。
面白がって
飽きたら捨てる、
そんなものじゃない
と思うんです。
八十六年

⑦
本気でケンカ
できる人でなきゃ、
一緒に仕事はで
きないですよ
八十六年

⑧
決してたいしたこと
考えて歌ってる
わけじゃないの。
それでも、
〝歌わされてしまう〟
ことってある。
それが〝歌〟だと思う。
九十一年

⑨
言葉が刃《やいば》になっちゃうこと
があるのね。
ただ、それだけじゃない。
刃になるだけだったら
黙っちゃえばいい。
でも、それでは
言葉がかわいそう
なんじゃないかな。
九十三年

⑩
ただ私の歌を聴いて、
どう受け止め
どう理解してくれるかは、
一人一人違っていて、
それでいいんだと
思うんです。

新しいテクストは、中島みゆき本人の、作り手の意識を読むことも可能である、と言えよう。

分析テクストでは、テクストが融合化されてはいるものの、「テロップの言葉」に比重がかかっている。というのは、テクストのなかでどのように「テロップの言葉」が流れてきたかに着目すれば明らかであるからである。「映像」が静止画像であることに加え、「テロップの言葉」も映像中に流れてくると、一旦、その流れを止めて、確実に「テロップの言葉」が読むことが出来るようにしてある。つまり、「テロップの言葉」を受け手（聴き手・読み手）に対して確実に読ませている、と言えよう。

さらに、表1-7の④に書かれている「私は言葉に対する憧れがすごく強いんですよ」や⑨、⑩に書かれている内容からも、中島みゆきが言葉に重きをおいていることは容易にわかる。

言葉の持つ可能性

「テロップの言葉」は、中島みゆきが発言したり書いたりしたものであるが、たとえば表1-7の①と⑩とではほぼ二〇年の差がある。これらの言葉を口にしたり紡いだりした時のコンテクストを考えても、まったく違うところで発言したり書いたりしたにもかかわらず、このようにテクストを再構成することによって一つの物語を作っている。

ポピュラー音楽の「表現」においては、文字言語に限ってみると、どうしても歌詞にしか着目できなかった。その点において、中島みゆきの「テロップの言葉」という試み(12)は、ポピュラー音楽における「言葉」の可能性を見いだすものである。

おわりに

　本章では、第一次テクストという概念を援用した結果、日本におけるポピュラー音楽の表現は、「単線的テクスト」から「融合化するテクスト」へと発展してきたことを指摘した。単線的テクストにおいては、作り手側の歌詞や、歌手による歌唱の仕方などの工夫が確認されたが、ポピュラー音楽をめぐるメディア環境の発展、たとえば録音機器の発達などを背景に、作り手側が制作するテクストを複雑化していく。本編で事例分析の対象とした中島みゆき《ローリング》は、テレビ番組のために制作されたものであったが、このテクストの制作は、様々なテクストを融合させて新たなテクストを作り出すという点において近年の YouTube にアップロードされているようなすでに完成されたテクストを自由に融合させたものと似ているといえよう。さらに、誰もが作り手となることを可能にした先駆け的なものとして捉えると興味深い。

　最後に、本章では、第一次テクストという概念の問題点を検討出来なかったが、今後は、この問題点を検討すること、また、本章ではその一部にしか触れることが出来なかったが、日本のポピュラー音楽における表現史を構築することを今後の課題としたい。

第2章　歌詞はどのように紡がれたのか
——新たなる歌詞研究にむけて

はじめに

前章で分析対象とした《ローリング》の融合化するテクストにおいては、映像に流れるテロップとして現れた言葉の存在の大きさが確認された。これは作り手がそのように意図的に制作したに過ぎないという見解が出てくることも十分、想定できる。しかしながら、そうした見解によって、ただちにポピュラー音楽のテクストにおいて、言葉の存在が低くなるということはない。

ポピュラー音楽にとって、言葉を考える際に歌詞は身近な存在と言えよう。多くの人々が享受できる歌詞について検討を加えることは、歌詞を通して作り手（作詞家）と受け手（聴衆）が、どのように歌詞という表現に接していくかの手がかりになるであろう。残念ながら、歌詞研究はいまだ試行錯誤の感は否めない。とりわけ、ポピュラー音楽に関しては、それが顕著である。以下では、日本語のポピュラー音楽の歌詞研究に限定して、先行研究の問題点の指摘、方法論の大枠の提示とそれをふまえた上での歌詞分析を試みたい。

1. 先行する歌詞研究の問題点

歌詞は、言うまでもなく音を伴って完成されるものである。しかし、楽曲のすべてが、音を含めた状態でしか分析対象に出来ないというわけではない。だからといって、歌詞を言語資料とみなしてしまうのは性急である。日本における歌詞研究は、歌詞をなんらの疑いもなく文字言語として扱ったり、あるいは分析対象を吟味せず、いわゆる歌本の類(1)に掲載されている歌詞群を恣意的に分析したりしたものばかりであった(2)。

では、歌詞を文字言語として分析するためには、何が必要なのであろうか。

日本において歌詞を分析した研究は散発的ではあるものの存在する。しかしながら、それらの先行研究では、歌詞がどのような位置に存在しているかをふまえた上での分析は、なされていない。今までの歌詞研究を大別する(3)と歌詞だけを抽出して歌詞分析をする研究と、受け手(聴き手)が、歌詞をどのように読み込むかの研究である。両者とも、歌詞を音から独立させてしまっている。歌詞は、曲を伴って歌詞たりえるのである。前章で言及したように、曲を伴った歌が、ポピュラー音楽における第一次テクストなのである。

　この第一次テクストの分析には、もちろん音楽学が重要視してきた五線譜を中心とした記譜という分析方法だけでは、手に負えない(4)。それどころか、聴き手は歌詞そのものを聴いているのか、曲にあわせてその目立ったところだけを聴いているのか、明確にこたえることは難しい。

　このような指摘に対して、文字言語を研究する立場からすれば、言語資料として、あるいは表現分析の対象として歌詞を扱うに過ぎないのだから、歌詞がなぜ存在するのか、という問題は考察対象外だという指摘も考えられよう。だが、このような研究姿勢に、ここでは強く異を唱えたい。なぜなら、分析対象がどのように存在するのかという考察なしでは、厳密な分析をしたとは言えないからである。たとえば、底本に何を使ったかを厳密に考える研究者が、なぜ、歌詞研究では、「歌本」という類の本をなんらの批判もなく使うのであろうか。誤字、脱字、あるいは改行の位置などの違いがある可能性もあることを考えないのだろうか。踏み込んで言えば、孫引きであることの自覚がない、ということである。

　ヒット曲に用いられている語彙の計量的な分析を試みる研究があるが、それらにしてもヒット曲を集めた「歌本」をなんらの批判もなく使用している。たとえば、何を基準にヒット曲と判断したのだろうか。ヒット曲の定義をした上で分析対象の決定をしなければいけないのに、先行研究にはなんらこういう分析に際しての基本的な意識を持ち合わせていないと言わざるを得ない。

　つまるところ、先行研究の問題点は、分析対象の吟味など、出発点から大きな問題を残したまま、考察を始めてしまっているところにある。おそらくこのような問題がなんら解決されないでいるのは、専門分野だけにしか目を配らない、という学際的視点の欠如によるものであろう。

2. 分析対象とその有効性

「ポピュラー音楽の歌詞」を分析するのではなくて、分析対象として歌詞を選択した、という発想も強く批判したい。なぜなら、この発想は、歌詞が本来どのような形で存在しているのかを無視したものだからである。歌詞分析は、前節で述べたように困難を伴う。だが、歌詞をまったく分析できないというわけではない。

では、歌詞分析を試みる際に必要なものは、何であろうか。

序章で言及した、ポピュラー音楽の学術的研究をする際に重要な「Production — Text — Audience」というモデルの認識が弱かったことに問題がある。したがって、このモデルの認識を強くすれば、歌詞研究は可能であり、さらに進んだ研究を目指すことが出来ると言えよう。

歌詞分析を試みる時に先ず求められることは、どの立場からの分析をするのか、という認識である。具体的には、作り手からみたテクストであるのか、受け手からみたテクストであるのか、テクストそのものの分析であるのか、ということである。

分析対象の有効性であるが、作り手（特に作詞家）からみたテクスト、受け手からみたテクストについてだが、前者は、作り手自身の発言を重視することによって分析が有効性を持つだろう。これは、歌詞という受け手の読み込みの可能性が大きいものを扱う際に、作り手の表現意図を出来る限り忠実に解釈しようとする点で重要である。後者は、受け手がどのように歌詞に自分の思いを重ねるか、すなわち歌詞を読み込んで自分なりの書き込みをしているか、という点を重視すれば分析の有効性はあるだろう。もちろん、両者ともに時代背景などの諸要素も考察対象として必要であれば、適宜、分析の際に分析項目として追加していく必要があることは言うまでもない。なお、「Production — Text — Audience」というモデルは、あくまで必要最低限のことであり、これがすべてではない。

3. 作り手からみたテクスト

分析テクストの有効性と分析方法

分析テクストは、阿久悠『書き下ろし歌謡曲』（一九九七年）に収められた一〇のパートのうちの一つである〈フォーカス　フォーク〉である。阿久は作詞家活動が四〇年に亘り、作詞した数は、五〇〇〇曲を優に越す。また、シングル曲の総売り上げ枚数においても日本では二〇一二年まで彼を抜いた者はいなかった[5]。作詞家としてのいわゆるヒットメイカーである。分析テクストとして扱う『書き下ろし歌謡曲』刊行時には、曲は付けられていない。だが、阿久は散文詩を発表したのではないと主張する。「歌謡詩《（ママ）》の中で、メロディがつけられるという前提（阿久 1997: 134）」で詞を作っている。

さらには、「近くには、ミュージックはあるがソングはないということは言葉がないということで、これは、いささか、はやりすたれとだけ云っていられない気持ちになります（略）特にソングはないということは明確である（阿久 1997: i）。」と阿久が言葉に重きをおいていることは明確である。

このように分析対象として本稿で扱う『書き下ろし歌謡曲』に掲載されている歌詞は、音を伴っていない、つまり楽曲としての完成はしていなくても歌詞として扱えることと、作り手である阿久自身が言葉に重点をおいているため、分析対象として扱うことの有効性は保てた、と言える。

次に分析方法だが、どの立場からの分析であるのかを明確にしておきたい。本章においては、作り手からみたテクストという立場をとる。したがって、作り手である阿久悠の発言を文字資料以外にも録音した談話などの資料をも含めて分析を試みることにする。

なぜ、〈フォーカス　フォーク〉なのか

阿久は、自らの創作姿勢について、一九九〇年代における日本のポピュラー音楽の状況をふまえて、「今、いくらか歌が等身大すぎて面白くなくなっている。歌によってその歌手が化けるっていう要素がいくらかでも少なくなってきているんじゃないか。もう少し作品がタレントを化かしてしまうようなことが必要では(6)」という発言をしている。現に彼の創作姿勢にはこれらの要素がある、と言える。《勝手にしやがれ》（一九七七年）、《憎みきれないろくでなし》（一九七七年）、《サムライ》（一九七八年）、といった沢田研二の一連の作品は格好の例と言えよう。また、それを裏付けたものとして「も

しも、ぼくがシンガー・ソングライターであったなら、今と全く違う詞を書いていたに違いない（阿久 1997: 188）。」と述べ、〈フォーカス　フォーク〉が「僕にとって初めてのジャンル（阿久 1997: 136）」だということを明らかにしている。

〈フォーカス　フォーク〉には、一〇篇の歌詞がある。創作の時期について阿久の記述（阿久 1997: 220-227）を追っていくと一九九六年一二月一日から一二月一九日の間であることが確定できる。しかもこの期間に〈フォーカス　フォーク〉を含めて五三篇の歌詞を書いていることも明らかである。短期間に、さらには「推敲を重ねるなんてことはあまりやらない。いちばん最初に出てきた言葉がやはりいちばんフレッシュなんです（阿久 1997: 136）。」と歌詞が何回も手を加えられたものではない、阿久の創作時の表現が、そのまま推敲されることなく歌詞に現れている。

分析軸と分析

本章では先述した通り、作り手からみたテクストの分析を行う。分析軸には、「表記」「作曲形式を予想させる要素」「拍数の関係」「歌詞に表した内容」「鍵となる語句」「物語性」を採用する。

以下では、〈フォーカス　フォーク〉の最初に収録されている《コピーライターの失敗》の歌詞分析を通して分析軸について言及したい。なお、表2-1（46頁）の《コピーライターの失敗》は、改行の位置、段落間であいている字数の関係など、すべてにわたって底本と同一である。ただし、丸数字、囲い込み等は、筆者によって加筆されたものである。後述するが、表2-2（46頁）は分析軸「作

表2−1 「コピーライターの失敗」

コピーライターの失敗

①　コピーライターの最大の失敗は
②　〝友だちのような〟を使ったこと
③　その時は　何となく　心やさしく
④　平和で　自由で
⑤　美しい関係に思えた
⑥　人間と人間をつなぐのに
⑦　何と便利な言葉なんだ
⑧　友だちのような夫婦
⑨　友だちのような親子
⑩　明るく　新鮮で
⑪　みずみずしいとさえ感じたが
⑫　思えば　これが失敗だった
⑬　思えば　これが失敗だった
⑭　コピーライターの最大の後悔は
⑮　〝友だちのような〟を使ったこと
⑯　その時は　人間が　壁を外して
⑰　素直に　楽しく
⑱　わかり合う関係と信じた
⑲　このような結末になるなんて
⑳　誰が予想を立てただろう
㉑　友だちのような先生
㉒　友だちのような社長
㉓　親しく　フランクで
㉔　微笑ましいとさえ見えてたが
㉕　思えば　これが失敗だった
㉖　思えば　これが失敗だった

表2−2 「作曲形式を予想させる要素」の図示化

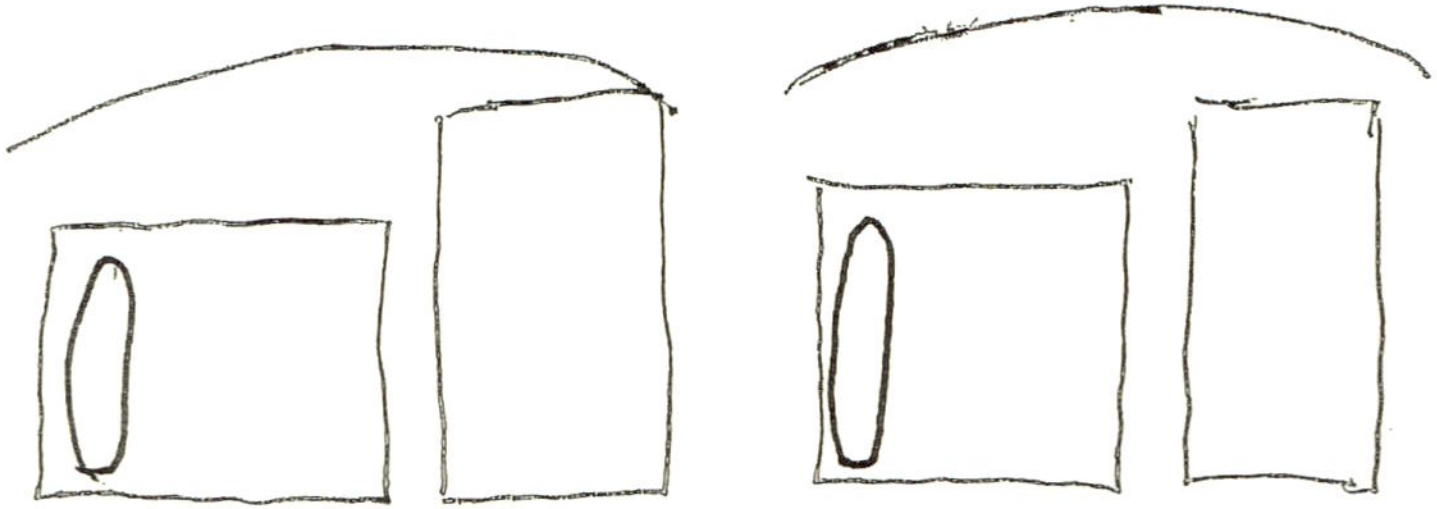

表２－３　分析軸に基づいた《フォーカス　フォーク》歌詞分析結果

タイトル	表記	作曲形式を予想させる要素		拍数の関係		歌詞に表した内容〈読みとれる主題〉
		何番までか	文字下げ	＊１番との拍数	漢字の読みによる調整	
1.　コピーライターの失敗	タテ	2	○	－1（同）	—	現代社会に対する批判
2.　上級試験	タテ	2	○	同一	○	価値相対化の時代の中で
3.　父のいない世界	タテ	2	×	－2（同）	—	父的価値観が失われた世の中
4.　目を見て語れ　恋人たちよ	タテ	2	○	同一	—	恋人たちのあり方に対する郷愁
5.　風の会話	タテ	2	○	－1（同）	—	青年のあり方に対する郷愁
6.　ダディ	タテ	2	○	－1（同）	—	父的価値観が失われた世の中
7.　コーンパイプの魔のけむり	タテ	2	○	同一	—	マッカーサー50年後の日本
8.　ストリッパーに栄光を	タテ	2	○	－1（同）	—	現代日本社会の虚像
9.　セックスレス・男の言い分	タテ	2	○	－1（同）	—	ジェンダー
10.　死ぬことはリセットにあらず	タテ	2	○	同一	—	現代日本社会のゲーム感覚

タイトル	歌詞にあらわした内容〈時代の眼〉の有無＊＊	鍵となる語句	物語性の有無
1.　コピーライターの失敗	○	友だちのような	×
2.　上級試験	○	そういう人にわたしはなりたい	×
3.　父のいない世界	○	家にも　町にも　国にだって　オヤジがいない世界だもの	×
4.　目を見て語れ　恋人たちよ	○	目を見て語れ　恋人たちよ	×
5.　風の会話	○	何処へと　風が訊ねる　彼方へと　彼は答える	×
6.　ダディ	○	ほんの時代の流行りのために	×
7.　コーンパイプの魔のけむり	○	魔のけむり	×
8.　ストリッパーに栄光を	○	ストリッパーに栄光を	×
9.　セックスレス・男の言い分	○	怯えつづけている宿命だから	×
10.　死ぬことはリセットにあらず	△	死ぬことはリセットにあらず	×

＊：１番との拍数では、分析対象の歌詞の１番と２番の拍数の対応関係を調べた結果、拍数が違う時には、－で表記した。したがって、－1とは、１番と対応する拍数が１カ所違うという意味である。なお、拍数の違いが、ほぼ同じ拍数と考えても問題ないと判断できた場合は、（同）と表記した。
＊＊：○：有　×：無　△：判断がつきにくい

曲形式を予想させる」に基づいて分析した結果である。

また、表2-3（47頁）はここでとりあげた分析軸を基に《コピーライターの失敗》を含めた〈フォーカス　フォーク〉に収められた一〇篇の歌詞を分析した結果である。

表記

近年、日本のポピュラー音楽の歌詞は、横書きであることが一般的であるにもかかわらず、ここでは縦書きで表している。

作曲形式を予想させる要素

楽曲は必ずしも歌詞が先で曲が後ではない。しかし、ここでは歌詞が先で後から曲をつけることがわかっているため、歌詞そのものに作曲の形式を縛りつけてくる要素があるかどうかを表記上から検討したい。

⑬と⑭の間は、二行あいている。⑭の歌詞は①と文構造が一緒である。すなわち、囲い込みをした語が違うだけである。これらから⑭以降が二番であることは明らかである。さらには、⑥と⑲がそれぞれ⑤と⑱に対して一行開けて二文字下げている。ここでも⑥と⑲がそれまでとは違う意味をもたせる働きをしている。

阿久は、改行、段落間のスペース、文字を下げるなどの視覚的な要素を通じて作曲の際に「形式」

を示唆している。これを図示化したものが、表2-2（46頁）である。

拍数の関係

前節とも関係あるのだが、各行の拍数を調べてみたい。

①からはじまって⑬までの一番と⑭からはじまって㉖までの二番、これらすべての拍数が⑧と㉑を除いて同一である。阿久は、曲がつけられることを意識していることは言うまでもない。《コピーライターの失敗》には該当するものはないが、拍数を調整するために、漢字の読み方を指定している箇所が他の歌詞にはある。

これに関係する阿久の発言として、「僕は歌をつくるうえでのプロですから、歌にならないような、最終的に作曲家がギブアップしてしまうような散文詩であっては困るわけで（阿久 1997: 134）」を提示したい。この発言もふまえると、作曲されることを前提として歌詞が書かれたと確定してよいだろう。

歌詞に表した内容

歌詞を内容という点で分析してみると、①②で問題提起する。ここではコピーライターが「友だちのような」を使ったことについてである。それを受けて、③④⑤で過去を回想する。さらに改行と段落を下げることによって⑥〜⑪で話題を発展させる。細かくみていけば、⑥⑦、⑧⑨、⑩⑪、というまとまりになる。注目したいのは⑪の「が」が強い逆接の働きをして⑫⑬を強調する働きをしていることである。しかも繰り返すことによって批判性が露わになっていることである。もちろん⑭以降でも歌詞の構成は同じである。したがって、⑫⑬㉕㉖の「思えばこれが失敗だった」というフレーズが強調されて、全体としてコピーライターが「友だちのような」を使ったことを強く批判している。

阿久は「自由に『時代』を歌ったに違いない。『時代の眼』というジャンルが、歌の中にあってもいい。世の中の動きに対して、もっとすばやく反応する、タフで皮肉なシンガー・ソングライターがいてもいい（阿久 1997: 188）。」と〈フォーカス　フォーク〉の冒頭で記している。阿久の言う「時代の眼」は《コピーライターの失敗》では、かつての日本には存在した人間関係における礼儀などが現代社会では「友だちのような」関係という名の下に崩れていることへの批判、つまり、現代社会の世相といったものに対して阿久は強く批判している。

鍵となる語句

鍵となる語句は、内容を通して判断できるものではあるが、同じ語句の繰り返しなどによって、強調され、それがキーワードになっていることも多い。

ここでは、②⑧⑨⑮㉑㉒の「友だちのような」が、繰り返され、キーワードになっている。

物語性
シンガーソングライターの歌詞には自分自身の思いやエピソードを綴ったと明らかにわかるものや歌詞全体を通して物語を作り上げているものが、しばしば見受けられる。ここでは、歌詞全体を通して、自らの思いを綴った要素は感じられない。また、歌詞全体で物語を作りだしている物語性も認められない。

おわりに

分析対象として扱った〈フォーカス　フォーク〉は表２-３（47頁）に分析結果を明示したように、一般的に歌詞が横書きで表されることが多いにもかかわらず、すべて縦書きで表記されている。また改行や冒頭の文字を下げたりするなどの視覚的な工夫を阿久が施すことによって、作曲者が曲をつける際に、何らかの形で制約を受ける可能性が極めて高いことがわかった。

とりわけ、拍数にいたっては、すべての歌詞の１番２番が同一の拍数ではないものの、ほぼ同一とみなしてもいいことが分析からわかったように、阿久が完成された歌詞を目指して創作したことがわかる。これは、すでに指摘したように阿久自身が曲をつける前提で歌詞を書いたという発言を裏付けることができたといえよう。

歌詞に表された内容面をみると、明らかに現代に対する批判の眼をもっていることがわかる。しかし、その構成をみると、過去に対する郷愁を押しだし、現代はどうしたものか、という視点での批判にとどまっている。したがって、過去の回想や懐かしむ表現が見られる。

阿久は、〈フォーカス フォーク〉で自分が歌うとしたら、こうしたいという希望（阿久 1997: 137）と時代を批判するシンガーソングライターを目指した（阿久 1997: 188）と言及しているが、タイトルにあげたフォークソングやシンガーソングライターの歌詞特有の自分自身を語る私小説風な物語性はまったく見受けられなかった。

〈フォーカス フォーク〉を通して阿久は、時代を批判するにとどまらず、フォークソングを歌う歌手やシンガーソングライターたちの歌詞、さらには現代日本の流行り歌に対して強烈に批判しているとも言えるだろう。

本章では、作り手が歌詞をどのように作ったのかを探ることを目標に阿久悠の一〇篇の歌詞を考察対象として分析した。考察対象の範囲内という限定を取り払った時に、阿久悠の創作がいかなるものであったのかについて分析できたとは残念ながら言い難い。この点を鑑みて、次章では作り手、阿久悠の創作の原点について思索にふけりたい。

第3章　詞作のこころは探れるのか
――阿久悠にみる原風景としての父

一・(1)

戦後日本のポピュラー音楽を発展させた作詞家に阿久悠がいる。一九九九年、阿久悠は作詞家活動三〇年の総括として〈歌謡曲って何だろう〉という一二回の講座(NHK教育で放映)を担当し、その冒頭で次のように語る。

私は遅れて来た作詞家です。遅れた分だけ、時代と重ねる、ということを知っていました(阿久 1999a: 3)。

「遅れて来た作詞家」とは、阿久の作詞家デビューが三〇歳だったことと作詞家を若い頃より目指していなかったことが、他の作詞家よりも遅かったことを意味する。「遅れた分だけ」と控えめに語るものの、時代を意識した詞を書いてきたという阿久の強い自負がすぐに口をついて出ている。阿久は、その後も折りにふれ、自身の世に放った詞が時代を意識して書いたものだと主張している。阿久は歌詞に時代を書きこむことを信条に創作をしてきたのである。

時代を書きこむとは、感覚的な表現を借りるならば「時代の風」や「時代の雰囲気」を歌詞に盛りこむことと言えよう。歌詞に時代を重ねたといえば、フォークソングやロックミュージックのそれがすぐに思い浮かぶであろう。これらのジャンルの歌詞は、反戦や反体制といった時代を反映していることが特色としてあげられる。批判対象が極めて明確であったため、メッセージ性の強い歌詞として聞き手の心に響いたと言えよう。では、阿久悠の目指した時代を意識した歌詞の創作とは、何かに対する批判があったのであろうか。あるいは、客観的に時代の様相を歌詞に反映させた「時代の語り部」的なものに過ぎなかったのだろうか。

阿久悠は「歌謡曲」を仮想敵としたのだった。この仮想敵を打ち崩すことについて阿久は次のように述懐している。

> 歌謡曲を書きはじめたときに、それまでとはまったくちがうものを書こうという意欲やヤマッ気があったのは事実です（阿久 1997: 62）。

なるほど、阿久の作詞した作品をみると、発表当時としては斬新なものが多い。しかし、表面的に歌謡曲を仮想敵としても、少なくとも創作の原点にあるものは歌謡曲だけを仮想敵としていたのではない。では、阿久はいったい何を仮想敵とし、何を表現したかったのだろうか。本章では、筆者が阿久悠へ直接インタビューした記録[2]と阿久が自身の創作に関して表したテクストを中心に阿久の創作の原風景を探る。

ここで阿久悠の創作を支えた日記について記しておきたい。阿久は歌詞以外にも小説、随筆等を手がけている。前章で紹介したように、歌詞にいたっては五〇〇〇を優に越えており、小説、随筆においては八〇余りの作品を世に残した。これらの創作の原点には、一九八一年から不帰の客となる二〇〇七年八月一日の一七日前、すなわち七月一五日まで書き記した日記[3]がある。この日記は、「多少の情緒」はあるものの「何にも固執しないで、ニュートラルに書く」という基本方針のもとに「僕のアンテナに引っかかってきた出来事だけをつづったもの」だと阿久は自著『日記力』（二〇〇三年）のなかで述べ、日記の一部を写真で公開し、創作の際にどのように役立てているのかを記してもいる。大判の日記帳に阿久は、毎日見開き一ページに余白を残さぬように埋め、「一日も欠け」ずに書き続けてきた（阿久 2003c:14）という。本稿では阿久の言説を重視したい。これは、阿久の過去を回想した言説でも創作を支える「日記」の存在が彼の記憶を確かなものにしていると十分に考えられるからである。

阿久悠の歌詞のなかで描かれる女性は精神的に自立した女性が多い。これについて阿久は、創作の上でどのような工夫をしたのかについて次のように記している。

> 強い女性の詞を書くことに心掛けました。（略）最終結論の場で、男に対してすがらない、男の目の前で泣かない、ということを決めごとにしました（阿久 1999a: 92-93）。

こうした阿久の創作姿勢は、「ふたりでドアをしめて　ふたりで名前消して（《また逢う日まで》一九七一年、作曲：筒美京平、歌：尾崎紀世彦）」、「愛で金で地位であれこれ口説くけど　それじゃまだ燃えないわ　あきらめて（《じんじんさせて》一九七二年、作曲：都倉俊一、歌：山本リンダ）」、「見ててごらん　この私　今にのるわ　玉のこし　みがきかけたこのからだ　そうなる値打ちがあるはずよ（《狙いうち》一九七三年、作曲：都倉俊一、歌：山本リンダ）」、「サイは投げられた　もう出かけるわ（《ジョニィへの伝言》一九七三年、作曲：都倉俊一、歌：ペドロ&カプリシャス）」という詞に結実したと言えよう。

時代はウーマンリブという思想を受け入れつつあった。阿久は歌詞に時代を上手に重ねてもいたのだ。指摘した作品は一九七〇年代前半のものだが、その後も阿久は時代を意識して創作を続ける。そのことがうかがえる阿久の記述を追ってみよう。

大都会は、一人暮らしの女に似合う。高層のホテルも、ブティックも、カフェも、一人暮らしの女のためにあるように思える。彼女たちは颯爽としている。大胆でもある。不良でもある。群衆の中で輝く。しかし、群衆が無縁の人と思えた時、翳る。
その瞬間を見落としてしまったら、現代では歌が作れない（阿久 1997: 20）。

二一世紀が見えてきた頃の、都会で働く女性の日常のありふれた景色に着目している。このように阿久は、創作において女性を強く意識していたのである。すでに言及したように阿久の創作活動は歌詞だけにとどまらない。小説、随筆をはじめとして多種多様である。そうしたなかで、いくつかのエッセイで阿久は自分の妻のことを「ワイフ」と記している。筆者は阿久に、ストレートにこのことについて尋ねた。そのやりとりを示してみたい。

――「ワイフ」とずいぶん書かれたり、おっしゃってたりしていますが。
阿久：女房って言ったことがないんですよ。日常会話のなかで、うちの女房ですと、どういうきっかけか、言ったことがないもので。

――色々な詞の中でもそうですが、非常に気になったのは、「家のワイフだ」というのをテレビでもおっしゃってたし、書かれていますね。意識的にやっていらっしゃるのか、それとも自然に、流れの中で出てきていらっしゃるのでしょうか。

阿久：自然に、そうなってる。女房はダメだなってのが僕の感覚のなかにあって。普通に喋るときは、かみさんとはいいますけどね。でも紹介したりするときには、ワイフです。ただ、ワイフ革命をやるというわけではなくて（笑）。そんな大それたことはないですけど。女房というと、機嫌悪くなるんじゃないかなって、どこかにあって。僕は逆に、二十代の人が夫婦で（僕のところに）来て、「うちの女房が」っていう言い方すると、不思議な気がして。

筆者は、阿久が意識して「ワイフ」と表現していたのだと推測していたのだが、見事に裏切られてしまった。

三.

この質問は、予期せぬ回答以上に予想外の言葉を阿久の口から引き出すことになったのである。

（ワイフにかんする質問は）鋭い指摘です。初めてです。初めてです。

さらに、阿久は、それまでのインタビューが筆者の投げた質問に応える形で進んでいたのに、「初めてです」と声が大きくなると同時に、阿久本人から話題をふってきたのである。

　あんまり家のこととか書いたことなかったなあ。親父のことは割と書くことはあるんですけどね。どう考えても僕の場合、親父が警察官で、しかも都会の警察官ですと普通の勤め人とあんまり変わらない感覚というのがきっとあるんでしょうけど。ところが、駐在所っていう一番末端のところにいると、二四時間、（親父の）警官の姿見てるわけですから。これは僕はすごく幼児体験としては強いもんだなあと思いますね。自分のことを書くときに、親父のことを書いてしまうんです。

身内のことをほとんど書かない阿久にとって、父親は特別の存在であることを自ら語っている。このインタビューは阿久が六二歳の時にしたものだ。その後、昭和に流行った事物等をテーマにとりあげ、平成に入ってから見つめ返すと何が読み取れるのかということを短いエッセイとして阿久は新聞に連載するのだが、そのなかで父親の仕事について述懐したくだりがある。

父は……下っ端の警察官で、五十五歳で退職するまで、淡路島を中心に田舎の駐在所ばかりを転々としていたが、子どものぼくから云わせて貰うと、見事な警察官であった。（略）警察官に求められているものを懸命に実践している……。

だから、相当に窮屈に生きた。その窮屈さは、ぼくら子どもや母にとってはかなり迷惑な部分もあったが、だからといって、父を疎ましく思ったことはなかった（阿久 2003a: 129-130）。

阿久悠は、もの心ついた時から父親の仕事を身近に目にすることになる。しかも自営業という類ではなく、警察官という国家権力に直結する職業を自宅で居ながらにして目にしたのであった。駐在所勤務の父親の残した言葉を阿久は、《迷える警官》（一九九九年）と題して、次のように綴っている。

ぼくの父は警官だった
田舎の田舎のヒラの警官だった
だけど　誇りを持っていた
警察官が笑われたら
それで秩序がこわれると
笑われないように
笑われないようにつとめていた

窮屈な生き方を選んだ
「警官だって人間なんだ」
とは云わなかった
「それを云っちゃおしまいだよ」
と云っていた
そして
窮屈であれ　堅物であれ
それで人間でなくなるわけがないが
使命と倫理を忘れたら
人間でなくなってしまうと云っていた
父にとって警官は生き方だった（阿久 2003b: 175）

四．

阿久悠は、一九三七年（昭和一二年）に淡路島で生まれ、明治大学に入学する一八歳まで、この島で育った。戦前生まれの者にとって、しかも地方であればなおさら家父長制ゆえに父親の存在が大きなものであったことは想像に難くない。だが、阿久にとっての父親という存在は、その想像を遙かに超えたあまりに大きいものであったと思われる。父親が警察官で、駐在所勤務であったために、幼少期から阿久は模範となる生活を送らざるを得なかったにちがいない。当時の状況を述懐している一節をみてみよう。

戦局が急を告げ、のんきにレコードを鳴らして聴いていることは許されなくなる。特に父親が警察官で駐在所にいたから、そこから流行歌が聴こえると不都合になる。父親からもレコードをかけることを厳禁された。非常時だと言われたように思う。

それでも、どうしても聴いてみたくなる時があって、そんな時は、ポータブル蓄音機を押し入れに持ち込み、布団をかぶって聴いたものである（阿久 1999b: 3-4）。

終戦時に阿久は八歳だったので、ここで描かれているのは、おそらく阿久が七、八歳の頃であろう。小学校に上がったばかりか、直前の頃だ。阿久と同世代の日本人にとっては、幼児体験に戦争が大きな位置を占めていると言えよう。大人たちと一緒に戦火から逃れた者もいれば、この大戦へ出むく兵士に旗をふって見送った者もいることだろう。各々の体験は戦争という鍵語で人々に共有され、後世に語り継がれていく。しかし、それらはあくまでも最大公約数的なイメージにしか過ぎない。ひとりひとりの持つ体験は、それぞれの人生に深い影響を与えることは言うまでもない。阿久にとって、戦争体験も警察という国家権力を肌で感じたことも、いずれもが、彼の人生に大きな影響を与えたと推測してもあながち無理はないであろう。

戦争を体験した世代、とりわけ終戦後まもなくに義務教育を受けた世代にとって、学校で教師が生徒に教科書に墨を塗らすという指導は、どう受け止められたのだろうか。アメリカに負けたという、ただそれだけで、墨を塗らなければいけないほどの大事なことであったのかと思う者もいたかもしれない。教科書に限らず、一九四五年八月一五日を境に価値観が変わってしまった状況をどのように理解すればよかったのだろうか。義務教育を受けていた年齢に戦中戦後を体験した世代にとって、何が本当で何が嘘であるのかがわからなくなってしまった者もいたことであろう。

阿久も価値観の大転換にとまどったようである。警察官の父親がアメリカにどうむき合うのか、子どもながらに興味深く観察している。駐在所に進駐軍兵士が訪ねてきたときの警察官である父親の対応を振り返った記述をとりあげてみよう。

> 僕の父は警察官で、家が駐在所でしたから、その二メートル級の兵隊が入ってくるのを実際に見たわけです。父はせいぜい一六〇センチくらいしかない。そのとき子ども心に、父にはペコペコしてほしくないと祈る思いでしたね。父はペコペコしなかった。それはいまでも嬉しく覚えています（阿久 2003b: 174）。

警察官としての仕事に誇りを持ち、秩序を重んじるために家族にも窮屈と思わせてしまう生活を強いた父親が、勝利国という理由だけで、進駐軍兵士にへつらうことをしなかったのは、阿久にとって、嬉しいという感情にとどまるものではなかったであろう。阿久が父親の生き方にこだわるのも、こうした父親の生き様に惹かれたからに違いない。

五．

父親の生き方に惹かれたのは、おそらく人生半ばであり、むしろそれまでは反発の方が強かったのではないだろうか。戦後、価値観が大きく変わったことを阿久は実感するとともに、自身の生活のなかで自由を謳歌する。このような少年時代を阿久は次のように記した。

> 終戦時八歳であった私が、民主主義とともに接したのが歌謡曲です。民主主義の定義が何であれ、私の世代にとっての民主主義の三色旗は、歌謡曲と映画と野球です（阿久 1999a: 3）。

淡路島での少年時代を歌謡曲と映画と野球で過ごしたと阿久は述懐しているが、野球については、一九七〇年代終わりに『瀬戸内少年野球団』（一九七九年）のなかで当時の状況を描いた。歌謡曲と映画については、東京を知るための情報収集として利用したという。なぜ、東京なのだろうか。ある種の父への反発と考えることは出来ないだろうか。淡路島を親元から離れるだけならば、大阪でも京都でもよかったはずだ。阿久は東京の大学に進学するという免罪符を使ったのである。もちろん、父親への反発だけではなく、東京という街が自分の未来を切り開いてくれるに違いないと思ったのかもしれない。阿久だけではなく、同じ想いで上京した若者は数えきれないほどいる。淡路島に暮らしていた当時に東京への想いはどのようなものであったかを筆者が阿久に尋ねると次のような言葉が返ってきた。

僕のなかで東京は、象徴的、抽象的なものだったと思いますよ。子どものときに小説家になれるとも思ってなかったですけど、なれればいいなって思ってたけど。どうせ出ていくのなら、これは東京かと。田舎の少年のレベルからいうと、東京と思うのが精一杯でしたね。

父親への反発であるのかどうかということは尋ねることは出来なかったが、少なくとも阿久が淡路島から大都市へ出て行こうと思っていたことに間違いはない。阿久が半自伝的なと位置づける歌詞《転がる石》（二〇〇二年）に興味深いフレーズがある。

十六　父の夢こわし
軟派の道をこころざす
（略）

転がる石は　どこへ行く
転がる石は　坂まかせ
どうせ転げて　行くのなら
親の知らない　遠い場所

阿久悠《転がる石》（二〇〇二年）

半自伝的とはいえ、自身を「転がる石」にたとえ、「親の知らない遠い場所」に転げたいと表していることからもわかるように、明らかに父親への反発があったことは読み取れるであろう。

六.

阿久悠は、広告代理店の社員からフリーの職業作詞家に転向する。すでに淡路島の父親のもとから巣立って十年余りが過ぎていた。阿久は、それまでの歌謡曲を仮想敵に自分にしか書けない歌詞を世に送り出すことを心がける。すでに言及した《また逢う日まで》のような別れをテーマにした詞においてさえ、前むきに、それまでの歌にない新しい男女の情景を描こうとした。歌のジャンルなどに縛られず、阿久の実験工房での成果は、多種多様なヒット曲として多くの人たちの耳に届いたのである。阿久が職業作詞家であるということを忘れてはならない。歌手のために作詞、作曲、編曲がなされるのである。つまり歌手某が歌うという前提があるのだ。歌手某のために歌手某の所属事務所や所属レコード会社のプロデューサー等が、作詞家、作曲家に仕事として、作詞、作曲を依頼する。他にも売り出すための広報などをレコード会社や事務所が担当する。いわば仕事の役割分担が明確になされ、各々が任された仕事を全うし、その上で全員が協力しあうことが求められた。その結果として、ヒットという形で成功を収めた楽曲もあれば、売り上げが伸びなかった楽曲もあった。

阿久はこうした制約のなかで、ヒットをさせなければならないという至上命題に応える形で、自身の信条とする新しい歌詞を世に送り出していたのである。新しい歌詞とは、「時代を重ねる」ことであり、「歌謡曲らしくない」ものであったのである。秩序を守ることを信条とした父親の生き方とは正反対の仕事を阿久はし続けたのである。

このような詞作を続けた阿久に転機がやってくる。一九八一年の休筆である。阿久によれば、「理由など、どこにもなかったのです。ただ、誰かが僕に『疲れてない？』と聞いた。（略）きっと作品のことを言ってるのだろう、と僕は解しました。それで、とても気軽に『休もうか』といった」（阿久 2003c: 41）とのことだ。この休筆は長くは続かない。だが、前述した「日記」をつけはじめた年であり、『瀬戸内少年野球団』が直木賞候補にあがった年でもあった。作詞の世界から本格的に小説を執筆する機会になった年でもあったのだ。転機が決定的なものとなったのは『同棲時代』で知られる劇画家の上村一夫が、一九八六年に息絶えたことだ。上村との出会いは、阿久の広告代理店の社員時代にまで遡る。上村と阿久は、二人の駆け出し時代には劇画「パラダ」の共作を世に出してもいる。

阿久は上村の死について、次のような回想をしている。

……二十五年来の友人の劇画家上村一夫が急逝した。四十五歳だった。（略）

彼の死がぼくを変えた。君臨しようとするところがあったが、そういうことが空《むな》しくなった。ガツガツはみっともないけど、バリバリならいいと思っていたのに、バリバリすら気が弾まなく思えて来た（阿久 1999b: 251-252）。

阿久は自分を変えたとストレートに表現している。では、阿久の作品にはどのような影響があったのであろうか。筆者はこのあたりから作風が変わってきているのではないかと阿久に疑問を投げかけると次のような言葉が筆者の前に並べられた。

（作風が変わったというのは）はっきりありましたね。五〇代はそれだったと思いますね。普通に考えると、今、僕がやろうとしてることは流れに逆行している。はじめから少数派だとわかっていますから、（ヒットという）結果が出ない。

四〇歳半ばくらいまでは、これが当たりそうだ、この次はこれがくるな！　こういう情景が町のなかでみれるに違いないというのが予測つきますと、それをさっと書いていたわけですよ、そのまま。ところが五〇歳過ぎてから、こうなっていいのかなと、そういうブレーキがかかるようになった。

上村の訃報が届いた一九八六年は、日本はバブル景気に浮かれていた。四九歳の阿久は、前年に《熱き心に》（一九八五年、作曲：大瀧詠一、歌：小林旭）という大ヒットを世に送り出していた。おそらく上村一夫の死とバブル景気が阿久に父親の教えを思い出させたに違いない。父親の教えを阿久は《「金」の年》（二〇〇〇年）という詩として綴っているが、その一節を引いてみよう。

あるとき　父親に云われた
人間には
他人に見せちゃいけない顔が
五つある
飯をかっ喰う顔
便所で力みかえる顔
嫉妬で鬼になった顔
性に我を忘れる顔
そして　もう一つ
金の亡者になった顔（阿久 2003b: 55）

バブル景気の頃の日本人の誰も彼もが「金の亡者になった顔」として阿久の目には映ったのであろう。父親の教えを改めて考えたのではないだろうか。だからこそ、この年にバブルで沸いていた日本社会に警笛を鳴らしたかのような《時代おくれ》（一九八六年、作曲：森田公一、歌：河島英五）という詞を世に問うたのである。

七.

その後、阿久は詞を書くペースが落ちる。それにともなってヒット曲とも縁がなくなっていく。実際に大ヒットした《熱き心に》は一九八五年の作品だ。この作品以降、大ヒットから遠ざかってしまう。だが、阿久は《時代おくれ》で表した世界を日本人に理解してほしいだけではなく、自らが実践したかったのかもしれない。《時代おくれ》の歌詞の一節に着目してみよう。

目立たぬように　はしゃがぬように
似合わぬことは　無理をせず
人の心を見つめ続ける
時代おくれの　男になりたい

阿久悠《時代おくれ》（一九八六年）

父親の教えに阿久は《時代おくれ》という歌詞で応えたのである。先に触れた《「金」の年》では父親の教えに次のように自身の気持ちを表現している。

それらを守ってきたから
窮屈で　窮屈で
父親よ
よけいなことを教えてくれたと
そんなふうにも恨んだけれど
やっぱり　ぼくも
この五つの顔は見せられない（阿久 2003b: 55）

父親は、阿久の作品のみならず、彼の仕事への接し方に大きな影響を与えた。阿久が筆者に次のように嘆いた。

作詞や作曲をやってる、現実に商売でやってる人間が、歌っていうのが、かなりすごいもんだというのを思ってない人が、結構、多いわけですよ。すごいもん作ってるからすごい緊張して作れという意味ではないんですけれども。結果を考えていけば、かなり大きい働きをしてるもんだよということが、ある時点からは、やっぱり商売としていくならば意識していかないと駄目だろうと。

ここには阿久の仕事に対する責任感の強さがよく現れている。こうした想いは父親の影響であったと考えられよう。

阿久悠は、父親という存在をどこかで意識せざるを得なかった。だが、それは父親の存在だけに対してではなく、父親を通して人間の生き様について対峙しなければならなかったのである。人間の生き様を考えることが、阿久の創作の原点であったと言えよう。その原風景に父親がいたのである。

Ⅱ　音楽システムを読み解く

第4章　「時代の音」が呼び覚ます風景
——ブラスサウンドを手がかりとして

はじめに

「ブラスバンド」という言葉から何を思い浮かべるだろうか。

世代や住んでいる環境などの違いによっていろいろな答えが返ってきそうだが、たしかなことは、〝知らない〟と答える人はほとんどいないということだ。それだけ多くの人が知っているわりには、ブラスバンドに関する研究が日本ではさほど進んでいるわけでもないし、ましてや学校の授業でその歴史について学ぶことがないのが現状だろう。〝知らない〟と答える人がいないほど我々に馴染みがあるにもかかわらず、さほど話題にもならなかったということは、その歴史的な重要性に気づかなかったということも考えられる。

では、ブラスバンドに着目すると何がみえてくるだろうか。

ひとことで言えば、日本が近代化していくなかで重要な役割を果たした、ということだ。これは、ブラスバンドが軍隊と結び付き、戦意を高揚させるために軍楽隊によって奏でられたという、いわば「官」が主体だったことと、一方で民間ブラスバンドの普及やチンドン屋の原型ともいえる広目屋・無声映画の伴奏などという、いわば「民」が主体にもなっていたこと、つまり官民両者に影響を与えたことからもわかる。もちろん、世界的にもブラスバンドは広まったので、日本だけのことではない。

日本がブラスバンドを受容して時を積み重ねていくなかで、敗戦を機に状況は大きく変わる。もちろん、軍楽隊の流れは警視庁や消防庁などの音楽隊へと受け継がれていくが、ポピュラー音楽というわゆる世俗的なものと大きく関わってくる。

戦後日本におけるポピュラー音楽を代表するジャンルのひとつとして、「歌謡曲」があげられる。歌謡曲という響きは昭和を生きた人々にとって馴染みのあるものだろうが、そもそも歌謡曲とは何かと定義しようとしたら[1]、一筋縄にはいかない。なにげなく多くの人が使っているわりには、確たる定義もなく、だからといって実態がつかめないほど難しいものでもなく、歌謡曲と呼ばれている楽曲を含んだ歌手など、歌謡曲をとりまく現象を歌謡曲華やかなりし頃に日々を送った日本人にはいともたやすく言いあてることは出来るだろう。

阿久悠は、自身が歌謡曲の職業作詞家である経験をも踏まえた『歌謡曲って何だろう』のなかで、「歌謡曲は浮世絵でなければならないと思いました」（阿久 1999a: 75）と語る。この指摘は正鵠を射たものだろう。阿久は、浮世絵がその時代のはやりを映し出すというところに着目し、とりわけ歌謡曲の詞には時代を反映したものがみられる、という。

歌詞だけではなく、楽曲にも、歌謡曲を歌う歌手のスタイルにも、時代が反映されていると言ってもよいだろう。それをひもとく鍵こそが、ブラスバンドの奏でる音、すなわちブラスサウンドなのである。本章では、ブラスサウンドを手がかりとして、戦後日本のポピュラー音楽の諸相について考察する。

1.「サザエさん」をどう読むか

日曜日の夕方、テレビ番組「サザエさん」は、もう四五年あまりにも亘って放映されている。視聴率もまずまずということだそう(2)だ。この息の長い番組に、日本の伝統的な家庭のあり方が描かれている、ということは誰しもがわかることだろう。だが、ブラスバンドといったいどういうかかわりがあるのだろうか。

夕餉の匂いも漂ってくる頃、テレビ番組「サザエさん」は、「サザエでございます」というサザエさんの明るい声で始まる。サザエさんの聞き慣れたフレーズが耳に入るやいなや、ドラムの音に導かれて「サザエさん」の主題歌《サザエさん》が、全国各地の観光地を旅行するサザエさんのアニメーションと同時に鳴り響く。

お魚くわえた　ドラ猫追っかけて
裸足《はだし》でかけてく　陽気なサザエさん
みんなが笑ってる　お日さまも笑ってる
ルルルルル　今日もいい天気

（間奏）

買い物しようと　街まで出かけたが
財布を忘れて　愉快なサザエさん
みんなが笑ってる　小犬も笑ってる
ルルルルル　今日もいい天気

《サザエさん》（一九六九年）

このサザエさんの主題歌《サザエさん》は、一分三十秒と短い。(3)だが、毎週日曜日、四五年余り流れ続けて、世代を超えて我々のもとに届けられてきているという事実を見逃すわけにはいかない。(4)歌詞を見ながら歌を思い出してみよう。伴奏でどのような音が響いてくるだろうか。

お魚くわえたドラ猫　追っかけて　（パ〰ー〰パ〰ッ〰パ〰パ〰ー〰）

この部分をはじめとして、間奏でもブラスの音が鳴り響く。

おそらく、この《サザエさん》は、老若男女、小さな子どもまでもが耳にしたことがあるだろうし、思い出すのも容易なのではないだろうか。このように、世代を超えた、しかもナツメロにも属さない楽曲は、極めて珍しいだろう。

2. 職業作曲家の音作りの工夫

サザエさんの主題歌《サザエさん》は一九六九年に発表された。作曲は、一九六〇年代後半から一九八〇年代半ばまで多くのヒット曲を世に送り出した職業作曲家の筒美京平の手によるものである。筒美は、一九六八年一月から九六年一二月までの期間にチャート誌の「オリコン」に一回でもランク入りしたシングル曲を対象としたデータによれば、「一位が三十七曲、二位が三十三曲、三位が二十七曲とベスト3だけで九十七曲と百曲に迫る勢いである。またベスト10にランク・インした楽曲は百九十八曲で、シングルとして発売された筒美京平作品はおよそ八百五十曲前後と思われるので四曲に一曲はベスト10ヒットという確率の高さに驚かされる(5)」というように誰もが認めるヒットメイカーである。多くのヒット曲を出している筒美が作曲したサザエさんの主題歌は、筒美が作曲した他の多くの楽曲同様、ブラスの音が鳴り響いている。

《サザエさん》が発表された同時期の筒美の楽曲には、一九六八年の《ブルーライト・ヨコハマ》（作詞：橋本淳、歌：いしだあゆみ）、七一年の《また逢う日まで》（作詞：阿久悠、歌：尾崎紀世彦）がある。《ブルーライト・ヨコハマ》ではイントロのトランペットが、《また逢う日まで》ではホーンセクションにつづくドラムの音が印象的なイントロを思い出す人も多いことだろう。

筒美と時期を同じくして活躍した職業作曲家に都倉俊一がいる。彼も、ブラスの音をうまく使って作曲をしている。とりわけ、社会現象にまでなったピンク・レディーの一連のヒット曲を手がけていることに着目しないわけにはいかないだろう。

都倉俊一は、雑誌「ユリイカ」のインタビューで当時を振り返り、次のように応えている。


幸か不幸か、当時はTVが全盛期で、いわゆるビッグバンドの生演奏が幅を利かせていたんですね。だから、カラオケなんか使わせてくれなかった。口パクなんかもありえなかった。だから、レコーディング・アレンジをすると、そのまま使えないわけですよ。それはバンド用にアレンジしなくちゃいけない。4トランペット、4トロンボーン、5サックスにリズム隊の。レコードと同じことがステージで表現できるわけがない。ピンク・レディーのときは、最初からそれを考えてレコーディング・アレンジをしたわけですよ。完全に再現するのは無理ですよ、当時から今じゃ当たり前なシンセサイザーなんか使ってたんだから。それだったらどんなところへ行っても最低限の音が再現できるブラスをたくさん使おうっていうんで、ブラスを使ったんです（松山 1999: 96）。

この都倉の指摘は、作曲に際して楽曲だけに神経を集中させればいいという、いわば音楽そのものという音楽「内」ではなく、音楽「外」の要因、ここではテレビ番組やどこでも演奏しなければいけないという制約によってブラスを使ったという点を見逃すわけにはいかない。

子どもたちがピンク・レディーの踊りをまねしたり、キャラクターグッズが登場したり、ということもさることながら、一九七〇年代の歌謡曲で鳴り響いていた音が、このようなテレビという外的要因によって決定づけられていたことは興味深い。さらに視聴者は、歌謡曲を扱う歌番組によって、ある風景に疑問をいだかなくなってしまったのである。

3．バックバンドの見える風景

ポピュラー音楽の歌手はバンドの前で歌うものだ、ということを昭和に生きた人々は当然視しているのではないだろうか。かつて人気を博した歌番組を振り返ってみたい。たとえば、「夜のヒットスタジオ」（フジテレビ系列、一九六八年～一九九〇年放映）、「紅白歌のベストテン」（ＮＴＶ系列、一九六九年～一九八一年放映）、そして「ザ・ベストテン」（ＴＢＳ系列、一九七八年～一九八九年放映）といった歌番組に関していえば、歌手の後ろに必ずバックバンドがいる。「ザ・ベストテン」は、ランキングが上位だと特別のセットのなかで歌えるが、ランキングが下位だとバックバンドの前で歌うことがほとんどだった。シンガーソングライター系の歌手で、自分たちで演奏し、あるいは自分のバンドを引き連れて歌う場合でさえ、「夜のヒットスタジオ」ではバックバンドの前で歌うことがあった。自分のバンドを引き連れて歌っている歌手の後ろで、バックバンドの人が手拍子をしている映像が茶の間に映っていたことを覚えている人もいるだろう。

歌番組に限らず、子どもに絶大な人気があったザ・ドリフターズの「8時だヨ！ 全員集合」（TBS系列、一九六九年〜一九八五年放映）にしてもドリフのコントが終わり、番組中盤以降にゲスト歌手がバックバンドの前で歌っていたのである。これらの風景はあまりに見慣れたものだったため、さほど気にもとめなかった人のほうが多いのではないかと推測する。

4．紅白歌合戦にみるバックバンドの位置づけ

かつて年中行事のひとつといっても過言ではなかった紅白歌合戦（NHK、一九五一年〜、テレビ放映は一九五三年〜）に着目してみよう。一九七八年の紅白歌合戦では、紅組・白組ともに二組、計四組が歌い終わったところで、紅組司会の森光子が次のような紹介をする。

さて、このあたりで私たちの力強い味方をご紹介いたしましょう。紅組の演奏をしてくださいますのは、フェミニストぞろい。ダン池田とニュー・ブリード、そして東京放送管弦楽団のみなさんです(6)

この言葉を発し終わる直前にバックバンドの短い演奏があり、榊原郁恵が歌手代表として指揮者のダン池田に花束を渡す。そして演奏が終わるや、白組司会の山川静夫NHKアナウンサーも次のような紹介をする。

なるほどけっこうでございますね。この人がいないと年が越せません。小野満とスイング・ビーバーズ、それと東京放送管弦楽団のみなさん(7)

こちらも、バックバンドの短い演奏があり、同じく畑中葉子が歌手代表として指揮者の小野満に花束を渡すのである。このバックバンドは、紅組専用・白組専用であり、バックバンド紹介に約五〇秒の時間をさいている。

一九八〇年代に入ると、状況が多少変わってくる。

一九八三年の紅白歌合戦では、開幕と同時に、総合司会、紅組・白組の司会、歌手紹介、特別審査員、チームリーダーの紹介に続いて、総合司会のタモリが次のような紹介をする。

そして演奏は、ダン池田とニュー・ブリードのみなさんです(8)

この紹介に続いて簡単な演奏をし、指揮者のダン池田がオーケストラボックスから登場して客席に挨拶をすると、総合司会のタモリがその様子を次のように言い、笑いをとった(画面には、ダン池田とニュー・ブリード、東京放送管弦楽団というテロップが流れた)。

いやあ、ダンさんまるでモグラみたいに出てきておりますけど(9)

時間にして約一五秒である。その後、選手宣誓をして、一連のオープニングセレモニーが終了し、最初の歌手が紹介される。

五年前の一九七八年と大きく変わったことは、バックバンドがオーケストラボックスで演奏していて、紅組・白組専用のバックバンドではないことだ。さらにおもしろいことには、オーケストラボックスではなく、歌手のうしろでの演奏は中盤の七曲だけで、紅組・白組と区別なく演奏をしている。中森明菜の歌ってる間奏中に、生方恵一NHKアナウンサーのナレーションが入る。

ステージで歌を盛り上げます、小野満とスイング・ビーバーズのみなさんでございます(10)

この時、画面には、小野満とスイング・ビーバーズ、東京放送管弦楽団というテロップが流れていた。ちなみに、小野満はこれ以前にはジョージ川口・中村八大・松本英彦らとともにビッグフォーを結成し、ジャズブームの際、他の追随を許さないほどの人気を博していた。

ここまでに見てきたように、一九七八年と一九八三年ではバックバンドの扱われ方が違うが、それでも、時間をさいて紹介していたという点では共通している。これが、二〇〇〇年の紅白歌合戦では紹介はおろかフルバンドの存在さえ見あたらない。もちろん、自前のバンドを引き連れて歌う歌手はいるが、フルバンドの前で歌う歌手は一人もいなかった。

5．バックバンドの見えない風景

このように、フルバンドに対する扱い方は大きく変わっている。紅白歌合戦にかぎらず、一九九〇年代後半以降に人気があった歌番組「HEY! HEY! HEY! MUSIC CHAMP」（フジテレビ系列、一九九四年～二〇一二年放映）、「COUNT DOWN TV」（ＴＢＳ系列、一九九三年～放映）をはじめとして、歌手がフルバンドの前で歌うというかつては当たり前だった風景を目にすることは少なくなってしまった。

これには、いくつかの要因が考えられる。シンセサイザーをはじめとした、新たな楽器の登場と改良によって、音楽そのものが変化してきたことにもよるだろう。極端な例をあげれば楽器が弾けなくてもコンピューターを駆使することによって、音楽を作ることも奏でることも出来る。フルバンドに頼らなくても、シンセサイザーなどがそれらを捕って余りある楽曲を奏でることも可能になった。何よりもそれらの楽器が比較的簡単に手に届くところにある、というコスト面のこともフルバンド離れに拍車をかけてしまっていると言える。さらには、フルバンドでの演奏のために、楽曲を編曲するアレンジャーの問題もある。アレンジャーともなるとスコアが書けなければならないのだが、そこまでの技量をもっているアレンジャーが少なくなってきていることも無視することは出来ない。テレビ局の制作者サイドに立っていえば、歌手サイドが独自に作るプロモーションビデオをもとに番組をつくったり、番組制作サイドでビデオ撮りをしてそれらを編集したものをテレビで放映したりするなど音楽番組の作り方そのものが変わってきたことにも起因していると言えよう。

6．それでもブラスは鳴り響く

日本のポピュラー音楽は、時代とともに、様々なジャンルの音楽が登場したが、ヒットチャートをにぎわすところからブラスの音が消えたことはなかった。

フルバンドに頼らずに自分たちで演奏するロックバンドにせよ、サザンオールスターズにみられるように、楽曲によってはホーンセクションを採用したり、チェッカーズやラッツ＆スター、米米CLUBにみられるように、バンドメンバーにブラスを担当する者がいたりもした。

大きな変革は、ヒップホップの登場を待たなければならない。たしかに、一九七〇年代のビッグバンドのサウンドが華やかなりし頃の歌謡曲の多くがブラスの音を鳴り響かせていた頃と比べれば、二一世紀を迎えてからは、それらは懐かしいサウンドとなってしまった。だが、いくらヒップホップがはやり、ドラムンベース（drum'n' bass）の低音を響かすサウンドが主流になろうとも、ヒットチャートをにぎわす曲のなかにもブラスの音は鳴り響いた。たとえば二〇〇〇年に発表された楽曲でブラスサウンドが特徴的となっているものについていえば、aiko の《ボーイフレンド》や hitomi の《Love 2000》などは好例といえる。とくに《ボーイフレンド》では、プロモーションビデオだけでなくテレビ出演の時にもホーンセクションのメンバーを引き連れて歌っている。

また、新曲ではないが、かつての流行歌をカバーして話題になった Re: Japan の《明日があるさ》は、サウンドだけにとどまらず、フルバンドの前でメンバーが歌っているというプロモーションビデオがチャート系のテレビ番組で流れた。モーニング娘。にいたっては《Mr. Moonlight ～愛のビッグバンド》という曲で、タイトルにビッグバンドという文字をおどらせ、プロモーションビデオでもフルバンドの演奏をしている風景が目に飛びこんでくる。このようなかつての音をも含んだ風景が、われわれの眼前で再生産されている。

おわりに

戦後日本のポピュラー音楽として、多くの人たちの耳に目に届いた歌謡曲は、バックバンドの前で歌手が歌うものであることが当然のものと受け止められ、一九七〇年代のヒット曲にはブラスの音が鳴り響いているものが多かった。これは第1章で言及した「時代の音」とでも言うべきものだろう。

この流行は、その時だけの、すなわち「点」的なものではなく、次章で詳述する占領期に米軍基地内のクラブで行われた音楽実践から繋がっている、いわば「線型性」的な時間の流れを内包している。もちろん、その後のヒットチャートをにぎわす曲にもブラスの音は鳴り響いている。ブラスが鳴り響く楽曲、バックバンドの見える風景を作り出すことによって、歌謡曲的なるものを再生産することも出来る。ブラスサウンドは、戦後の歌謡曲だけにとどまらず、戦後日本のポピュラー音楽を語る上でなくてはならない存在となったのである。

第5章　米軍基地がポピュラー音楽に与えた衝撃
――日韓の米軍クラブにおける音楽実践の比較から考える

はじめに

米軍基地内に設置された米軍クラブで演奏したバンドマンが、いわゆる占領期に多数いたことや、米軍クラブがジャズの発展に大きな影響を与えたことはエピソードとして語り継がれてきた。だが、多くの刺激的な成果を世に問うた占領史研究においてさえ、米軍クラブに関する学術研究はなかった。このような状況の下で、当時の実体験者、すなわち日本本土の占領期当時にクラブでの音楽実践の体験があるバンドマン、仲介業者やクラブの従業員へ直接のインタビューを含む一次資料を重視した基礎研究が進められ、これらの研究成果は学術出版物として世に問われた（東谷 2005b、青木 2013）。

筆者は、占領期当時のクラブを体験したバンドマンにインタビューしているなかで、朝鮮戦争後に

米軍関係者からの依頼で韓国の米軍クラブに出演するバンドに演奏技術を教えに行った方に出会った。彼は米軍軍用機で韓国に赴いたと言う。この事実をどう解釈すればよいのだろうかという問いは筆者の頭のなかに残ったままだった。二〇〇六年、ソウルの聖公会大学東アジア研究所主催の国際会議に招聘された際、ソウル市内の駐韓米軍基地周辺を見学した。韓国滞在中にシン・ヒョンジュン（신현준）博士から米軍基地内のクラブが韓国の音楽文化に与えた影響について教示された。残念ながら米軍クラブに関する学術研究は韓国でも遅れているとのことであった。先述した米軍機に乗って駐韓米軍基地内のクラブに演奏を教えに行ったバンドマンの行動についての問題は、米軍基地というネットワークがポピュラー音楽の世界的普及に大きな影響を与えたという仮説をたてるに至ったのである。

　本章では、世界的規模で展開されてきた米軍基地内に用意された米軍クラブが、米軍関係者への飲食、娯楽の提供だけにとどまらず、米軍基地が設置された国や地域にアメリカ発のポピュラー音楽を伝える媒介、すなわちメディエーションであったという側面に焦点をあて、日本の占領期を中心とした進駐軍クラブでの音楽実践の事例と、韓国における米8軍舞台の音楽実践の事例とを比較検討し、それらを通してポピュラー音楽文化にみるグローバル化を考察したい。

　なお、比較の方法として、先ず、日本の進駐軍クラブに関する大まかな流れを示し[(1)]（1節）、次に、これに沿って韓国の米軍クラブにおいて何かしらの音楽実践に関わった当事者への直接的なインタビュー[(2)]を引きながら考察する（2節）。いずれの事例でも参照するインタビューは、米軍クラブで「アメリカ」を体験した者たちである。

1．日本における米軍クラブでの音楽実践

進駐軍クラブとは何か

進駐軍クラブという総称が表すように、日本の米軍クラブを考察する際のメルクマールは日米安全保障条約発効によって占領期が終わる一九五二年である。占領期の終結は、すべてではないが接収した土地、建物の返還や進駐軍兵士の撤退をもたらした。米軍の娯楽施設である進駐軍クラブも、対象とする関係者が減ったのだから、当然、クラブ数も減った（東谷 2005b: 128-129）。占領期終結以降は、駐留軍クラブという総称となるが、むしろ一九五三年にテレビの本放送の開始にともなって、先述した「マス・メディアが威力をもった時代」に移行したとみる方が理にかなうだろう。以下では、占領期の米軍クラブ、すなわち進駐軍クラブでの音楽実践について概観したい。

連合国軍ダグラス・マッカーサー元帥がコーンパイプを手にタラップを降りてくる姿が、戦後日本を語る上で欠かせないおなじみのものとなっているが、連合国軍、実質的にはアメリカによって日本は占領された。アメリカは、東京、横浜を中心に焼け残ったビルや土地の多くを接収し、軍用施設に作り替えたり、軍人用住宅を建築したりするなど、自国と近い環境、使い勝手のよい基地を「アメリカ」として具現化した。当然の如く、日本人の立ち入りは禁じられた。

この特異な空間はオフリミットと呼ばれ、接収地との境にはフェンスが設けられることが多かった。

フェンスは「アメリカ」と「日本」を分かつ国境の役割を果たしたのである。アメリカは、政治、経済、文化などあらゆる領域で、日本人を圧倒し、物資豊かな国の象徴となった。物資豊かなゆえに、世代によっては、アメリカは羨望の対象にもなったのである。

この特異な空間である「アメリカ」では、米軍関係者が様々な占領政策に従事した。日本各地の基地やキャンプには、米兵たちの娯楽施設の一つとしてクラブが作られた。軍人の階級によって使用できる専用クラブが設けられ、全盛期には全国に五〇〇ほどあった。次にあげるクラブが代表的なものである。

OC（Officers Club　将校クラブ）
NCO（Non Commissioned Officers club　NCOクラブ・下士官クラブ）
EM（Enlisted Men's club　EMクラブ・兵員クラブ）

クラブでは、食事や酒が提供されただけにとどまらず、バンド演奏やショーも提供された。占領期後半まで、アメリカ本土からの慰問が少なく、バンド演奏やショーを日本人のバンドマンや芸能者に頼らざるを得ない事情によって、日本人によるバンド演奏やショーが必要となった。オフリミットへの立ち入りを特別に許された日本人は主に、バンド演奏やショーに関わる芸能者、芸能者を斡旋する仲介業者、クラブの従業員だった。

表5－1　日本のポピュラー音楽史上で名を馳せた進駐軍クラブでの音楽実践経験者

○ 1920年代生まれ
スマイリー小原（1921～1984），石井好子（1922～2010），守安祥太郎（1924～1955），笈田敏夫（1925～2003），永島達司（1926～1999），原信夫（1926～），松本英彦（1926～2000），宮沢昭（1927～2000），ジョージ川口（1927～2003），渡辺晋（1927～1986），渡辺美佐（1928～），穐吉敏子（1929～）

○ 1930年代前半生まれ
澤田駿吾（1930～2006），杉浦良三（1932～2002），世良譲（1932～2004），堀威夫（1932～），ウイリー沖山（1933～），ペギー葉山（1933～）

○ 1935年～1939年生まれ
小坂一也（1935～1997），松尾和子（1935～1992），江利チエミ（1937～1982），雪村いづみ（1937～）

クラブで提供されたエンターテインメントの内容は、軽音楽、クラシック音楽、奇術、曲芸から柔道、剣道、薙刀、空手、さらには歌舞伎、文楽、人形作り、生花、変わったところでは手相、十二単のショー、模擬結婚式の実演が行われるなど多種多彩だった（占領軍調達史編さん委員会事務局 1957: 3-4、内田 1997: 2）。ショーのなかからは日本の女子プロレスも誕生した(3)。

こうしたエンターテインメントのなかでも、当時、米兵からの要求が多かったのが、ジャズやアメリカで流行しているポピュラーソングなどのバンド演奏だった。とりわけ、スウィングスタイルのビッグバンドやコンボによる演奏が多かった。

進駐軍クラブでの音楽実践を経験した者のなかには、「マス・メディアが威力をもった時代」にもテレビを中心として活躍した者たちがいる（表5－1）。彼らのなかには、歌手、バンドマンだけではなく、戦後日本のポピュラー音楽だけにとどまらずテレビタレント等の芸能界に大きな影響を与えた

図5－1　1950年代初頭の横浜市内の米軍クラブ

プロダクションのナベプロ創始者の渡辺晋・美佐夫妻、同じくプロダクションのホリプロ創設者の堀威夫、ビートルズの日本公演を実現させた永島達司など、戦後日本のポピュラー音楽を陰で支えた者たちもいた。有名無名に関わらず、オフリミットの「アメリカ」に足を運び進駐軍クラブと何らかの関わりを持った人々は、数え上げたらきりがないほどである（東谷 2005b）。

進駐軍クラブに関わった日本人

先述したように、オフリミットの空間であったクラブに入ることが出来たのは、ステージに立つ芸能者、芸能者をクラブに斡旋する仲介業者、クラブに勤める従業員であった。以下では、彼らと米軍クラブとの関わりについて言及したい。

先ず、クラブのステージに立った芸能者、そのなかでもバンドマンたちに共通することは、戦後の不安定な経済状況下で高額な金を手にすることが出来るという経済的理由でクラブでの演奏をはじめた者が多かったことである。戦後すぐには軍楽隊出身者がその強力なネットワークによって仕事などの情報を得ていた。またクラブでの演奏は需要と供給のバランスが崩れており、バンドマンの数が圧倒的に不足していたことから、アマチュアの参入が比較的楽に出来た。なかでも「金になる」という理由だけで、楽器を弾いたことがない者まで参入した例などもあった（東谷 2001: 129-133）。

演奏者は戦前からのジャズマンを除けばクラブで演奏が求められていたジャズに慣れ親しんでいたとは限らなかった。彼らがアメリカのポピュラー音楽の受容をする際に大きな役割を果したのは楽譜だった。その代表は、慰問用の「ヒット・キット（Hit Kit Of Popular Songs）」（図5-2ａ・ｂ）、海賊版の「1001」と「ストック・アレンジメント」の三種類であった。これらの楽譜はどれも入手しにくいため、バンドマンの間で貸し借りをしたり、レコードやラジオに耳を傾け採譜したり、等の努力を怠らなかった者たちもいた。バンドマンは経済的には同時代の日本人より潤っていた。世代的にも一〇代半ばから二〇代半ば位までの者が多く、そのなかには若気の至りという言葉がふさわしい博打や薬物などの「遊び」に手を出した者もいた。

次に仲介業者についてみてみよう。クラブ側が芸能者の提供を受ける手だてとしては、戦前からの大手芸能プロダクションに依頼するほか、クラブのマネージャーや日系将校などの知己縁故の関係者という個人的なつながりに頼ることがあったが、これだけでは間に合わなかった（占領軍調達史編さん委員会事務局 1957: 5）。このような状況下において、英語の出来る者には仲介業者としてのビジネス

図5－2b　譜面は White Christmass（1950年11月発行）

図5－2a　ヒット・キット（1949年5月発行の表紙）

チャンスがあった。

占領期後半には大手として名が通っていたＧＡＹカンパニーは、仲介業のなかでは後発であった。大手にまで発展できたのは社長が日系カナダ人二世であったことが大きかった（内田 1995: 2）。ＧＡＹカンパニーは主にバンドを斡旋する部門と「色もの」と呼ばれていたショーを斡旋する部門の二部門があった。東京に事務所をおいており、首都圏のクラブにバンドやショーを主に斡旋していたのだが、東北地方の三沢や八戸のクラブ、さらには北海道の真駒内や千歳のクラブにも斡旋していた。社員の一人は一週間でこれらすべてをまわるツアーを芸能者の引率として行っていたほどＧＡＹカンパニーは仕事を得ていた。

このようなクラブと直接交渉して仕事を手に入れていた仲介業を営んでいた会社とは別に「拾い(4)」と呼ばれる仲介業を個人的に営む者がいた。その仕事内容は、クラブが出演者をトラックで迎えに来る東京駅や新宿駅などのターミナル駅で待機して、仕事を求めてそこに集まってきていたバンドマンに声をかけ、当日演奏させるメンバーを選び出して、即席のバンドを組み、クラブ側に斡旋することである。つまり、日雇い労働者を確保することである。

最後に、従業員として働いた日本人についてだが、クラブに勤めた日本人従業員はオフリミットの空間で毎日働くことと米軍に勤めるという点において、クラブに出入りした演奏者や仲介業者と大きく異なる。敗戦国民として、勝者アメリカ、すなわち敵国であったアメリカが接収した空間に出入りして従業員として働くことは、あくまで生計を営むための経済的なこととして割り切った者、物資豊かなアメリカを目の前にして驚嘆した者、敗戦国民がかつての敵国民の下で働くことへの疑問を持った者というように従業員それぞれの胸の内も、多種多様であった。同じ職場で働く、ある意味、定点観測的な位置にいたクラブの従業員にとって占領期の音楽文化は、戦後復興のただなかにあった敗戦国日本の状況とは全く異なる華やかな空間であった。

日本人関係者の「アメリカ」での体験

日本の中にある「アメリカ」は、一般の日本人にとってその存在は目にしても、立ち入ることが出来ない、いわば手に届くようで届かない場所だった。クラブに勤めた従業員は縁故や求人によってオフリミットに足を踏み入れた。歌手やバンドマンは、仲介業の事務所から仕事を得る以外にクラブが独自に行ったオーディションを受けて、「アメリカ」に通った。今日のようにインターネットなどの情報が飛び交っていない分、仲間同士やクチコミによる情報交換が盛んだった。

彼らが「アメリカ」を初めて体験した時、どのような衝撃を受けたのだろうか。横浜の中心街にあったNCOクラブのゼブラクラブで長年バーテンダーとして勤めた金山二郎は、一九四八年勤務当初の時のことを述懐する。

まず、食べ物が豊富ですよね、着る物もですね、そりゃもう、日本人の生活とはダンチですね。終戦直後っていったら、酷かったんですよ。食べる物も着る物も無かったですから。そこを、いきなりそういう所へ飛び込みましたもので……。要するに、物資が豊富だっていうことが、一番、印象に残っていますよね（東谷 2003: 209-210）。

占領期末、仲介業の大手にまでなったGAYカンパニーの社員であり、歌手の松尾和子のデビューを後押しした鈴木功は、戦後まもなくアルバイトでバンドボーイをはじめ、バンドに付き添って出入りしたのがEMクラブだった。初めてクラブに入った時のことをこう振り返る。

カマボコ兵舎みたいに簡単なのをクラブにしてて、EMクラブね。そこへ初めて入った時に、一番最初に嗅いだ臭いが床のワックス、といったって油をくっつけて乾いたので拭いただけですよ。それと洋モクの煙草の匂いとビールとコーク。その匂いが全部ごっちゃになったところにヤンキーの体臭ですよ。そばにいると、なんとも言えない体臭がするわけですよ。そんな、まとまったものが鼻の中に入ってくるわけですよ。

これが、僕はアメリカの「におい」だと思った。これで、僕は初めて具体的にアメリカを意識できた。遠い国で、遠いところで弾打ちやってたのに。手のさわれるところでアメリカを実感した、その「におい」でね。あと、耳の部分で、ウワーンとしてて、あとジュークボックスでね……（東谷 2005b: 68）。

従業員、芸能者、仲介業に関わる者たちは、当初、生計を営む手段としてオフリミットに入り込んだが、「アメリカ」の刺激はあまりに強かった。前述したように、クラブでは米軍兵士向けに多種多様な芸能が提供されたが、とりわけ人気だったのがジャズバンドの演奏だ。そのため戦前からのジャズメンだけでは数あるステージをまかないきれず、学生やアマチュアにも演奏する機会が広がった。

ビブラフォン奏者の杉浦良三は「需要と供給のバランスで供給（演奏家）が追いつかなかった。だから引く手あまただったんですよ（東谷 2001: 131–132）」と振り返る。杉浦は大学在学中にクラブで演奏を始め、一時期休んだが、晩年まで横浜を拠点に音楽活動を続けた。

終戦後のインフレという状況で、クラブの仕事は演奏家にとって大きな魅力だった。陸軍軍楽隊出身の高澤智昌は「安い人でもふつうの社会人の倍はもらっていた、もうけた人はもうけた（東谷 2001: 192）」と指摘する。軍楽隊からジャズに転向した演奏家の数は多く、高澤もその一人だった。管楽器を中心とした軍楽隊の編成と、米兵が好んだビックバンドの編成が似ていたことが転向を促した。演奏技術は長けていてもジャズ演奏の経験のなかった彼らは、当初、ジャズ独特のアドリブをマスターするのに苦労した（東谷 2005b: 34）。

すでに言及したように、占領期のごく初期、クラブマネージャーたちは、日系将兵のツテや戦前からの芸能関係事務所を使ってバンド演奏やショーに出演する日本人芸能者を集めた。彼らへの報酬は食事や煙草などの物品だけのことも多かったようだ。米軍側が、クラブの芸能提供に関わる制度を整えると、芸能者の提供や出演料の支払いは日本政府に任された。日本側は出演料支払いの事務処理担当を終戦連絡事務局としたが、芸能提供を扱う部署については特に定めなかった。このような状況を背景に、クラブへの芸能斡旋を専門とした仲介業者が増加したのである。占領期後半にもなると、仲介業の事務所は一七〇ほどにまで増えた（占領軍調達史編さん委員会事務局 1957: 5–7）。

2．韓国における米軍クラブでの音楽実践

米8軍舞台とは何か

米軍クラブを考える際、設置された国の歴史的背景が極めて重要になる。韓国においても、その例に洩れることはなく、シン・ヒョンジュンは「朝鮮半島で起こった悲劇によって韓国で戦後という用語は『一九四五年以後』ではなく『一九五三年以後』になった。たんに時期が八年ずれたということではなく、韓国人の情緒は、戦争を経験していない他の国の戦後一般的な情緒とはまったく異なる（신 2005）」と韓国ポピュラー音楽史を学術的な視点から論じる著作のなかで確認している。

韓国において米軍クラブを考察する際のメルクマールは、一九五七年である。つまり、「日帝強占期」からの解放、すなわち一九四五年の第二次世界大戦の終戦から一九五三年までと、朝鮮戦争後の一九五五年七月二六日に日本から韓国に米8軍司令部が移転することによって、米8軍の関係者向けのショーは拡大され、アメリカからの慰問団の公演[5]も行われたほどであった。だが、アメリカからの慰問公演だけでは限りがあるため、個別に米軍クラブ関係者と交渉してステージに立つ韓国人芸能者

や、米軍クラブにショーを仲介した業者が数多く出来た。こうした背景の下、一九五七年に米軍クラブに韓国芸能人の仲介を体系的に管理する事業である「芸能人用役事業」の必要性が高まり、米8軍舞台だけを本格的に扱う業者が誕生した。この業者は、政府の商工部に登録して「用役ドル輸入業者」という資格を得なければならなかった（신 2005）。

韓国の米軍クラブは、一九五七年を境に仲介システムの面で大きな変化はあったが、米軍のクラブの種類は、軍人の階級によって、OC、NCO、EMのようにわけられ、原則として韓国人立ち入り禁止のオフリミットであり、クラブでは、食事、酒、バンド演奏、ショーが提供されたのは、日本と同様であった。

図5-3　インタビュー後のキム・フィガプ氏

米軍クラブでの音楽実践の経験を活かして、自国のポピュラー音楽の発展に貢献した者たちの世代について検討してみると、日本においては、表5-1（93頁）で明示されているように、一九二〇年代から一九三〇年代半ば生まれ、すなわち二〇一六年時点で八〇歳以上の者がほとんどであるのに対して、韓国では、「一九三〇年代から四〇年代初めに生まれた人（신 2005）」、すなわち二〇一六年時点で七〇歳以上の者がほとんどである。実際、本章で引用するインタビュー対象者は、先述してあるように一人を除いてこの枠内に収まっている。

日本よりも韓国の方が、ほぼ一〇歳若いわけだが、これは「米8軍舞台の全盛期は通常一九六三〜六四年頃だと言われており、一九五〇年代後半から六〇年代半ば頃までが米8軍舞台が体系的に成立していた（신 2005）」ことと関わっている。つまり、日本では米軍クラブは占領期（一九四五年〜一九五二年）に活性化していたのに対して、韓国では朝鮮戦争休戦（一九五三年）の後に活性化していたため、主に二〇代前半に米軍クラブで音楽実践を積むことが多かった状況を視野にいれれば、日韓で一〇年の開きが出てくることに無理はないだろう。

米8軍舞台で演奏した経験を持つギタリストのキム・フィガプ（김희갑）に、日本の進駐軍クラブのステージや「カマボコ兵舎」と呼ばれる米軍基地内の写真（図5-4、次頁）を見せたところ、懐かしそうに写真に見入りながら紡いだ言葉をみてみよう。

地方はだいたいこういう形（カマボコ兵舎）。ソウルは、ちょっと違った。ヨンサン（龍山）。日本の植民地時代から軍の兵舎だった建物を米軍が引き継いで使って、建物がなかったところは、建物がなかった土地には、カマボコ兵舎を建てた。

一九五〇年代半ばには、韓国内に設置された米軍クラブは二六四を数え、韓国芸能人の公演に支払われる金額は年間一二〇万ドル近くにも達しており、この金額は当時の韓国の年間輸出総額に匹敵するものであった（신 2005）。韓国内の米8軍クラブのあった場所について、一九五一年六月頃に米8

図5-4　キム・フィガプに見せた横浜市のカマボコ兵舎の写真

図5-5　キム・ヨンハが書いた韓国内米軍基地略地図

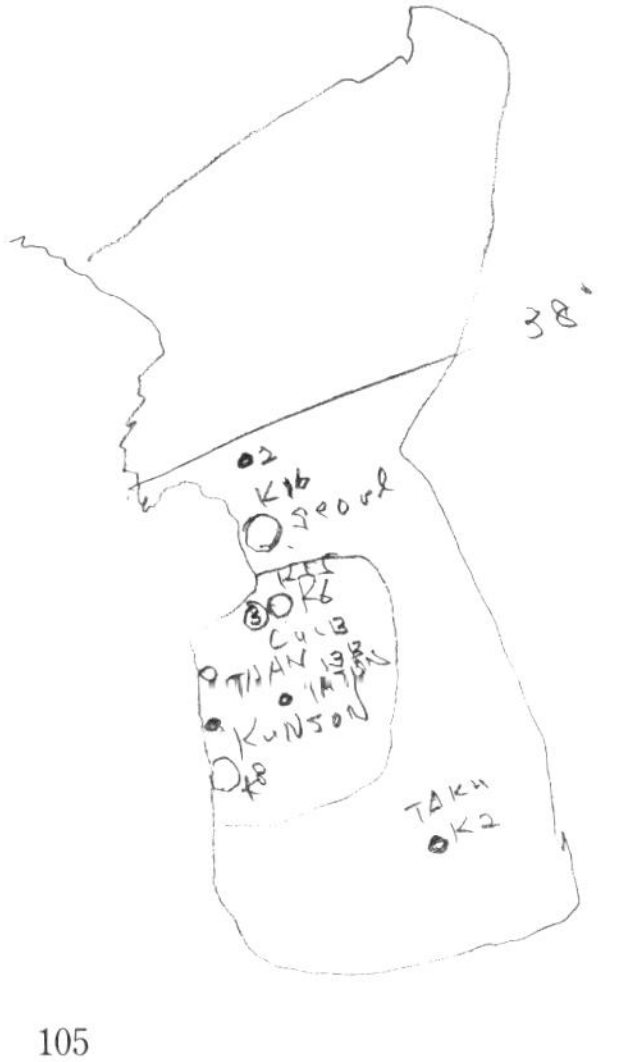

軍クラブのバーテンダーとして働くようになり、一九五六年春から一九七〇年三月まで米8軍クラブマネージャーを経験した、キム・ヨンハ（김영하）が記した韓国内の米軍基地のあった略地図を示しておく（図5-5）。キム・ヨンハによれば、各基地内のクラブ数は、K6が三、テアン（泰安）が一、テジョン（大田）が二、テチョン（大川）が一であった。米8軍舞台が誕生する以前に、米8軍舞台と似たショーを提供する楽劇団のKP

図5－6　インタビュー後の
キム・ヨンハ氏

Kに団員として所属していたソン・ソグ（손석우）は、演奏しに行ったことのある米軍クラブの所在地として「パジュ（坡州）、ムンサン（汶山）、オサン（烏山）、スウォン（水原）、プピョン（富平）、インチョン（仁川）、テグ（大邱）、プサン（釜山）、ソミョン（西面）、ソンド（松島）」をあげている。

米8軍クラブに関わった韓国人

米8軍クラブの出入りが認められたのは、ステージに立つ芸能者、芸能者をクラブに斡旋する仲介業者、クラブの従業員であった。この点については、前述したように日本と同じである。以下では、米8軍クラブに関わった韓国人について言及したい。

先ず、米8軍クラブの日本との大きな違いについて示しておきたい。日本の進駐軍クラブにおけるステージでは、バンド演奏、とりわけジャズバンドによる演奏が中心に組まれ、付随してダンスショー、奇術など多種多彩な実演があったのは既述した通りである。これに対して、韓国では、バンド演奏だけでなく、ダンスショーも含めたすべてを一つの「ショー」とした。こうした「ショー」の形態から米8軍舞台と称されるようになったようである。米8軍舞台を駐韓米軍クラブに仲介した仲介業者に対する法的整備が行われたのが先述した一九五七年だった。

米8軍舞台を経験した芸能者たちのなかには、その後、韓国のポピュラー音楽の歴史に名前を刻んだ作曲家、歌手、ギタリストなどがいた。こうした特定の個人にとっての下積みの場としての側面だけにとどまらず、米8軍舞台そのものが、「戦争という特殊状況での一過性の『慰問公演』ではない、音楽家の収入および聴衆の確保などが一つのシステム（신 2005）」として機能した点において、韓国のポピュラー音楽の歴史を語る上で欠かすことの出来ない存在となったのである。

図5-7　インタビュー後のシン・ジュンヒョン氏（右）と筆者（左）

こうした米8軍舞台の仲介業に関わった事務所には、ファヤン、20世紀、ユニバーサルがあった。これらのなかで最大手だったのがファヤンだった。ファヤンに所属していたギタリストのシン・ジュンヒョン（신중현）が、ファヤンの事務所の雰囲気を述懐した。

> ファヤンの状況を申し上げますと、練習室があって、いろんなサービスも提供していて、たとえば、対話が出来る場所もあったり、レストランもあったり、喫茶店があったり、付帯施設は充実していました。そこには、芸能人達が

所属していて、ある意味、芸能人の集合場所っていうところなんですけれども、その芸能人達も、とても華やかな衣装を着て、言葉も洗練されていて、生活水準も良くて、一般の世界とは、全然違った世界でした。彼らには、自負心もあったりしました。

練習室を準備したのは、日本以上に、韓国では米8軍クラブに出演するためのオーディションが厳しかったからであろう。オーディションではランクをつけられるため、少しでも上位のランクを獲得できるようバンドマンは日夜、練習に励んだ。米軍兵相手の演奏であるため、アメリカ発のポピュラー音楽を上手に演奏することは必須条件であったのは日本のバンドマンとなんら変わりがない。オーディションでのエピソードをキム・フィガプは披露した。

アメリカ音楽をコピーして演奏してるから、ちゃんとコピーされているのか、アレンジもうまくされているのか、発音は正しいか、そういうのを総合して指摘が出た。発音がこの辺が変だったというふうに専門的な指摘が出た。

オーディションが終わってから一週間後は、二、三ヶ月先の次のオーディションを準備しなければならなかった。学校みたいなところだった。

ショービジネスとはいえ、演奏技術だけではなく、英語の発音もチェックを受けなければならなかったのは厳しかったであろう。

米８軍クラブで演奏するための楽曲をどのように受容したのであろうか。ソン・ソグに「ヒット・キット」の写真を見せると、「（「ヒット・キット」は）随分、勉強になりましたよね。ですから、とても、懐かしかったですよ。「ヒット・キット」を見た時には。」と笑顔で語りはじめた。軍楽隊出身の作曲家のキム・インベ（김인배）も「ヒット・キット」で勉強したと言う。キム・フィガプは、「ヒット・キット」と似た形態の「ソング・フォリオ」（図5-8ａ・ｂ、次頁）という楽譜を手に入れて学んだと言う。シン・ジュンヒョンは、「ヒット・キット」も「ソング・フォリオ」も入手し、米軍が放送するＡＦＫＮに耳を傾けたと言う。ソウル大学卒業後、ソン・ソグの手による作品を歌うことで一躍、国民的歌手となったチェ・フィジュン（최희준）もラジオが自分の先生だったと言う。このように、楽譜と米軍放送で学んだ点は、日本のバンドマンのポピュラー音楽受容と一緒である。

これらは、アメリカのポピュラー音楽に馴染みの薄かったバンドマンや歌手たちの音楽の学び方である。日本の場合と同様、韓国においても、第二次世界大戦中にアメリカ音楽に親しむ機会がほとんどなかったことを鑑みれば、当然と言えよう。だが、すでに米軍クラブでよく演奏されたジャズに馴染む段階どころか、ジャズ演奏に精通している者もいた。キム・インベは彼らについて語った。

> 上海租界で、ジャズ、スウィングジャズをやっていた人達です。基礎くらいはやっていたんでしょうが、あっちに行って、大変上達したのではないでしょうか。（演奏技術は）大変上手でした。

図5－8b　譜面は9曲収録のうちの6曲目（1951年11月発行）

図５－８a　ソング・フォリオ（1951 年 11 月発行の表紙）

米8軍クラブのステージでは、一九五〇年代後半まではスウィングスタイルのビッグバンドやコンボ演奏が多く、一九六〇年代前半にロックが登場すると、いち早く取り入れられた。なお、ソン・ソグが米8軍クラブでよく演奏した楽曲と、彼と年齢の近い陸軍軍楽隊出身の日本人バンドマンの高澤智昌がよく演奏した楽曲のうち、二人が共通してあげた楽曲は、《Blue Skies》、《Caravan》、《Indian Love Call》、《Jealousy》、《Lover, Come Back to Me》、《My Foolish Heart》、《September Song》、《Smoke Gets in Your Eyes》、《Star Dust》、《Summertime》、《Taboo》である。

韓国では、米軍クラブへの仲介システムが本格的に確立されていたとはいえ、仲介システムから外れた経路は、日本同様、存在した。韓国のフォークソングと関係が深いことで知られるイ・ペクチョン（이백천）は、ソウル大学卒業後、米8軍舞台で活動していた経験を持つのだが、韓国での「拾い」について次のように語った。

> 時たまね、みんな売れてしまうんですね。良いバンドが。そうすると、ムギョドン（武橋洞）にある、地下にある、ティールームがあったんですよ。そこが溜まり場となって。色んな演奏団だとか、集団だとかに属していない演奏家は、そこへ来て、誰かが「拾っ」てくれるんじゃないかと……。

この「拾い」については、キム・フィガプも当時、次のようなことを耳にしていたと言う。

……ビリヤード場で集まってた。失業中の楽士たちが集まってた。クラブのパーティーに「ドラム、誰かいないか！」とか呼んで引き連れていった。ブッキングは、クラブから通訳の人とクラブの人がそこに行く。韓国語も英語も出来る人がきて、ブッキング。アメリカ人一人、韓国人一人。難しい言葉は必要ないから。楽器名を言って、楽士たちがチームを組んで出てくる。……（演奏技術の）レベルが低かった。

こうした「拾い」に関する状況は、ターミナル駅で「拾う」日本の場合と比べると、場所の違いがあるとはいえ、基本的には同じである。おそらく日本においても韓国においても、歴史に刻まれることなく、埋もれてしまう一風景であろう。

米8軍クラブの韓国人関係者の「アメリカ」での体験

韓国は、朝鮮戦争による壊滅的な打撃を受けた経験があるため、日本以上に、「アメリカ」を体験した者たちの米軍クラブに入った時の印象が鮮やかな記憶として残っていることは想像に難くない。

キム・ヨンハは、一九五一年六月頃に初めて米軍クラブに入った時のことを一気に話し出した。

その当時は、韓国は戦争だったので、町には、人達が、まるで乞食みたいな状況の時期でした

図5－9　キム・ヨンハ氏の米8軍ID

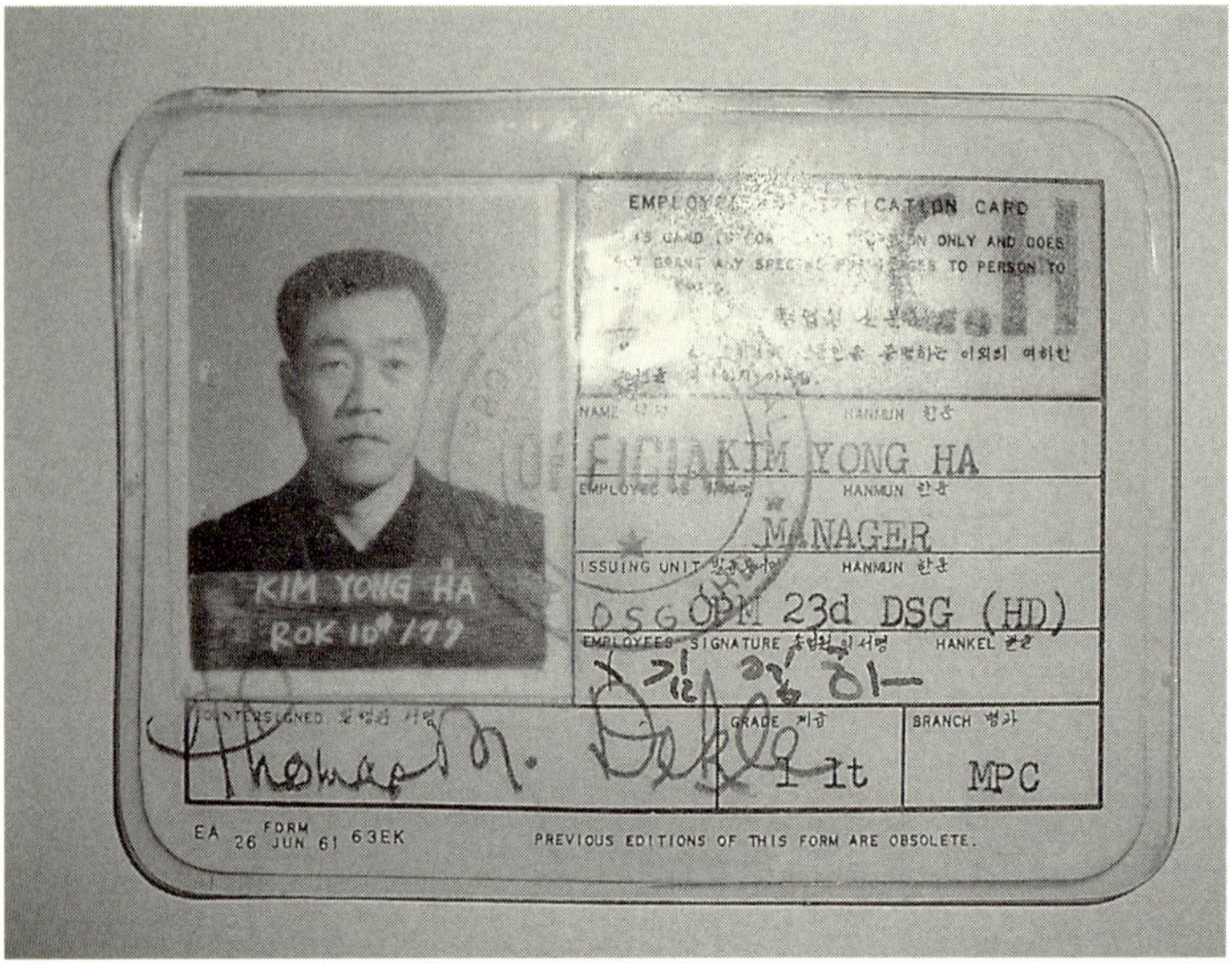

ので。その時、クラブに初めて入った時は、びっくりしました。これはもう、他の、異国の様な雰囲気でした。たとえば、氷も、こういう風に手で割るんじゃなくて、機械が……機械から、氷がバーッと出て来るし、蓄音機も、手で巻いてやるのではなくて……ジュークボックスの音楽が流れるし。それと、もう、そのクラブの中が、とてもこう、華やかで、よかったです。女性がいて、ダンスしてね（笑）。

キム・ヨンハは、米8軍クラブに従業員として出入りし、クラブマネージャーとして勤務するようになったので、米軍クラブでの思い出は数多いに違いない。それでも初めて米軍クラブに入った時の印象は強烈なものだったと口にした。

芸能者として米8軍クラブに出入りしたソン・ソグは当時を次のように振り返った。

ありがたかったですよ。行けば、ハンバーガーが食べられるし、コーラが飲めるし、ビールが飲めるし、(煙草の)ラッキーストライクにありつけるし。ありがたかったですよ。でもねえ、行くまでが大変ですよね。トラックに乗せられて、埃かぶって。真夜中に帰ってくるし。

日本でも同じようなエピソードはよくあるものだ。ハンバーガー、コーラといったアメリカの大衆文化の象徴といえる品が、米軍基地内に入ることが出来た限られた者たちから話題にあがることが多いのも、当時の日本や韓国とは違って、アメリカが物質的にも豊かであることを改めて実感させられるものであろう。

チェ・フィジュンは、米8軍舞台で活動していた一九五九年の秋に四〇日ほど、沖縄の米軍クラブに赴いたことについて、次のように述懐した。

ソウルで、あらかじめブッキングをして、どこのクラブに行くって決めてくれるんですが、だいたい楽団が一〇人、コーラスラインが五人、歌手が二人。コーラスラインというのはダンサーのこと。楽団はトランペット、トロンボーン、サックス、ドラム、ベース、ギター、ピアノ、まあ、九人か一〇人だと思います。ひとつのチームで、フラワーショーで、チームを作ってずっと練習を重ねているので、大変チームワークがよかったです。

ほとんど毎日、公演していました。（公演開始）大体、夕方の七時か七時半くらいだったと思います。バンドステージを1ステージして、その後、フラワーショーをして、またバンドステージをするという、大体3ステージをしていました。場所が変わるので、毎日同じものをしました。那覇、コザ、嘉手納……。

日本復帰前の沖縄の米軍クラブでは、沖縄在住のバンドマンだけでは人数の面においても演奏技術の面においても足りなかった。日本本土から技術導入としてジャズに長けたバンドマンを招いたり、フィリピン人のバンドマンが演奏しに沖縄の米軍クラブに来ていたり、という事実（久万田 2013）と照らし合わせれば、実証性が高まるだろう。日本と韓国の仲介業の大きな違いは、国外の米軍クラブにまで仲介をしたかという点にある。この相違は日韓の置かれた政治的背景によってもたらされたものと言えるだろう。具体的には韓国では外貨を獲得する必要があったからである。

おわりに

二一世紀に入ってから日本と韓国は、両国のポピュラー文化の交流という点はもちろんのこと、これまで以上に身近な存在となったと言えようが、第二次世界大戦後に歩んだ日本と韓国の道は、あまりにもかけ離れたものであった。

日本はアメリカによる占領の日々を終えると、一九五〇年代半ばから高度経済成長期に入り、戦後日本のめざましいほどの発展という時代を経験した。日本人にとって、占領というい わば「暴力としてのアメリカ」は、一九八〇年代の高度消費社会を迎えると「消費の対象としてのアメリカ」へ変貌した（吉見 2007）。翻って韓国では、二〇世紀後半まで軍事政権の下、駐韓米軍とともに時代を歩んだ。

日本と韓国はあまりにも異なる戦後の歴史を刻んできたが、米軍基地内のクラブで流れた音楽は、アメリカ発のポピュラー音楽だったのである。時代背景が違うにもかかわらず、「アメリカ」という特異な空間には同じ音が鳴り響いていたのだ。その空間に出入りしていた日本と韓国の米軍クラブ関係者が、自由を求め、アメリカに想いを馳せたのはある種、必然の出来事だったのかもしれない。

米軍クラブは、米軍関係者への娯楽提供という目的を離れ、アメリカ発のポピュラー音楽を広く普及させるためのメディエーションとして機能した、いわば文化装置の役割を担ったと言えよう。しかも、米軍基地の設置された国のポピュラー音楽文化に対して、アメリカ発のポピュラー音楽の楽曲の伝播だけにとどまらず、演奏技術、仲介業を含むポピュラー音楽のショービジネスといった音楽産業の発展の種をも蒔いたのである。つまり、米軍クラブは、アメリカ発のポピュラー音楽のグローバル化を推し進めると同時に、各国独自のポピュラー音楽文化の発展というローカル化にも貢献したのである。

本章では、ポピュラー音楽のグローバルな展開に力点をおいたため、日韓の米軍クラブでの音楽実践にみる共通点が実証的に明らかになった。しかしながら、いくつかの問題は解決できないままになっている。以下にそれらのうち大きな問題系二点について今後の課題として明示しておきたい。

先ず、「日米」あるいは「韓米」という従来の二国間的（被）占領関係のモデルを超えた、被占領地集団間の関係性が米軍クラブには存在するという問題系である。このインターアクションはどのような形態をとり、それは何を意味するのかについての分析である。

次に、基礎資料の整備という側面についてである。本章では、実体験者へのインタビュー調査に比重をおいたが、これは実体験者の貴重な語りを一次資料として残す側面もあった。こうした基礎資料の整備は、実体験者が高齢なだけに今後、貴重な資料になることは間違いない。また、米軍基地という特異な空間に関わった実体験者たちがアメリカ文化をどのように受容し消化したのか、あるいは抗ったのかという問題をアメリカナイゼーションに関する言説との差違があるのか否かをまで射程にいれている。もちろん、インタビューで話をうかがった方々、一個人の問題にとどまるものではないことは言うまでもないことである。

本章は、日本と韓国の米軍クラブでの文化実践に関わる事例を中心に考察したものであったが、ポストコロニアリズムの観点から、二一世紀に生きる我々がどのように継承し、考えていけばよいのかを示唆するものにも成り得る可能性はあるだろう。個人史という特殊事例が、社会史と接合することによって得られる考察は、「過去と対話する」ことを我々に促し、大文字で語られることのない「大衆」の語りによって、「みえなかった歴史」に光をあてるであろう。

第6章　米軍クラブショーにみるローカリティ
——韓国「米8軍舞台」にみるKPKの特異性

はじめに

第二次世界大戦後の韓国のポピュラー音楽を発展させる基盤として大きな役割を果たしたものに「米8軍舞台」があることは前章で言及した通りである。本章では、米8軍舞台が本格的に形成される前に他の追随を許さなかった楽団、KPKに着目し、KPK出身者のソン・ソグ（손석우）に行ったインタビュー[1]をもとに当時の状況を再構成し、その独自性を考察したい。

先ず、ソン・ソグの略歴についてふれておこう。ソン・ソグは韓国大衆音楽の作曲家として長年、活躍をした。一九二〇年に韓国、全羅南道で生まれ、一九三八年に木浦商業高校を卒業後、湖南銀行に勤める。一九四一年に親交のあった朝鮮樂劇団員のキム・ヘソンの推薦で朝鮮芸能株式会社に入社

図6−1　インタビュー後のソン・ソグ氏

し、芸能活動をスタートさせる。しかし、太平洋戦争勃発により、芸能生活を諦め、相互銀行で第二次世界大戦終了後まで勤務する。一九四八年、キム・ヘソンをたよって、ＫＰＫに入団し、芸能活動を再開した。朝鮮戦争によってＫＰＫは解散せざるを得ない状況に追い込まれた。その後、一九五五年にＫＢＳの専属楽団結成に参加し、一九六一年にはビーナスというレーベルで自主制作盤《黄色いシャツの男》（作詞・作曲：ソン・ソグ、歌：ハン・ミョンスク）を世に送り、大ヒットさせた(2)。ソン・ソグは作曲家として、多くの歌手に楽曲を提供してきたが、なかでも前章でも紹介したチェ・フィジュン(3)を育ててもいる。チェ・フィジュンはソウル大学法学部出身で米8軍舞台で活躍し、韓国国民歌手という称号を付すことが出来るほど、韓国の大衆音楽史を語る時には欠かせない歌手の一人である。

一九四五年八月に第二次世界大戦が終わることによって、韓国は日本帝国による植民地政策から解放されたが、間をあけることなく、米軍の駐屯が始まった。米軍は、韓国各地に米軍基地を設置し始めた。第5章で言及した通り、基地内には、軍人、兵士の娯楽施設としてクラブが設置された。「階級」による区分が軍隊においては自然とされていたため、クラブも将校のために用意されたＯＣ（Officers Club、将校クラブ）、下士官が出入りするために作られたＮＣＯ（Non Commissioned Officers club、下士官クラブ)、さらにその下位に属する下級兵士専用のEM(Enlisted Men's club、兵員クラブ)が設置された(신 2005: 8-9)。これらのクラブでは、クラブの客である軍人、兵士らに飲食、酒類の提供とともに、音楽やダンスなどのショーを提供した。一九四五年という時代を鑑みれば、米国本土から芸能人を招聘するには時間があまりにかかり過ぎる。そこで、韓国国内の芸能人をクラブに呼び、演奏やショーを提供するように求めたのである。韓国国内に駐屯したのが米8軍だったため、米軍クラブで繰り広げられたバンド演奏、歌唱披露、ショーの提供等に関して、米8軍舞台と称されるようになったのである。

1. フレースの理論からみる米8軍舞台

第二次世界大戦後の韓国における外来音楽の受容に関して、フレース(Flaes)の理論を手がかりに考察したい。ロブ・ボーンザヘル・フレース(Rob Boonzajer Flaes)は、旧植民地のブラスバンドを調査し、体系化した。一九世紀の西欧圏の軍楽隊が画一的な統制された側面が多々あったのに対して、植民地のブラスバンドは西洋からそのまま受容したのではなく、当該植民地の音楽と融合させる工夫をするなど、自分たちなりに消化、発展させていたことをフレースは指摘する。

フレースの理論を簡潔にまとめてみよう(表6-1、次頁)。非西欧圏の者たちが西洋音楽に初めて接した時、大きな衝撃を受ける。この衝撃は西洋音楽を自分たちも共有しようとして、模倣という段

表6－1　フレースの理論を簡略化した図式

西洋　→【西洋音楽】→　非西欧圏

衝撃

↓

【西洋音楽】←　模倣

↓

融合　＋　自分たちの民俗音楽

↓

発展　【サウンド】

↓

商業化　【興行主】

演奏の場の確立

階に至る。さらに、自分たちの持つ民俗的な音楽との融合を積極的に試みるという発展的な段階へと移行する。この段階では、すでに西洋音楽の模倣から解き放たれている可能性が強い。発展段階では、サウンド面だけでなく、興行主などが現れ、「地元」で活動していたブラスバンドは商品化され、演奏の場も確立する（Boonzajer Flaes 2000: 128–135）。

米軍の進駐は韓国国内に米軍クラブという新たな音楽実践の場を登場させた。だが、フレースの理論は米軍の設置した米軍クラブにはあてはまらない。突如として、米軍に接収された土地に基地が現れ、いきなり完成された興行というシステムを持っていたことが、米軍クラブの特徴である。クラブでは、韓国米軍基地に従事するアメリカ軍兵士に供給するための華やかなステージを必要とした。したがって、求められたのは、歌手、バンドマンや、演奏者に仕事を斡旋する仲介業者、クラブの運営を支える従業員の存在であった。当時、韓国人では、どのような経歴を持った者たちが米軍クラブ、米8軍舞台に立ち入っていたのかをソン・ソグは次のように

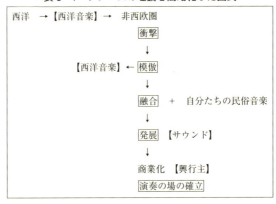

指摘した。

プレイヤーには軍楽隊出身（警察隊も）が多く、（高校出を含め）大学生などアマチュアも多かったようです。シンガー（男女共）にもアマチュアが多かったと思います。舞踊には（殊に女性の場合）楽劇団出身もいました。

軍楽隊出身者が、米軍クラブでの演奏を担っていたのは、占領期の日本と状況は非常に似ている。(4) 日本と同様、韓国においても米軍クラブは米軍基地がそうであるように、アメリカ軍関係者以外、立ち入り禁止であり、前章で述べたようにオフリミットと呼ばれた。したがって、米軍クラブもオフリミットであり、日本人、韓国人どちらも特別の許可を得た者だけが、立ち入ることが出来た特異な空間であった。特別の許可を得られた者として、バンドマン、歌手、ショーに出演する芸能人、ショー等を仲介する仲介業者、クラブで働く従業員があげられる。

前章で米8軍舞台について言及したが、今一度確認しておこう。米8軍舞台のショーの形態は、歌、バンド演奏、舞踏（舞姫）、コメディアンすべてを含むものであった。日本では、バンド演奏とショーは別々に仲介されることが多く、バンド演奏の方が主たるものであったのに対して、韓国ではそれぞれが独立することはほとんどなかった。バンド演奏にしても歌手の歌にしても、ショー全体のなかでの部分に過ぎなかったのである。当時のバンド演奏は、ジャズが主流であった。主にスウィングスタイルのビッグバンドやコンボであった。

2．米8軍舞台の拡充の背景

前述したように、米8軍舞台では、ショーとして完成されたものが求められた。クラブの客であるアメリカ人に受け入れられるショーであることが大前提であったことは言うまでもない。さらに、米8軍舞台は複雑な状況下にあった。それは六・二五（一九五〇年の朝鮮戦争の勃発）である。

朝鮮戦争停戦後の一九五七年前後に米8軍舞台をめぐる状況が大きく変わった。一九五五年七月に日本からソウルのヨンサン（龍山）に米8軍司令部が移転したことにともなって、米8軍に属する軍人も増え、クラブの設置数も増加した。一九五〇年代半ばには、米軍クラブの数は二六四カ所であり、韓国芸能人のショーへの支払いは年間一二〇万ドルに近かったという。この数字は、当時の韓国の年間輸出総額に匹敵するものであった。こうした状況において、米8軍舞台への韓国芸能人の仲介を体系的に管理する事業、芸能人用役事業が必要となり、一九五七年末に米8軍舞台を対象とする用役業者が誕生した。この業者は、政府の商工部に登録し、用役ドル輸入業者という資格を取得しなければならなかった（신현준 2005: 5-6）。

こうした仲介業の確立は、米8軍舞台での仕事を得るためのオーディションを強化することとなった。バンドマン、歌手、ダンサーをはじめとした米8軍舞台で仕事を得ようとする芸能人たちは、オーディションに備え、米軍むけのショーを準備したのである。ここで着目したいのは、客であるアメリカ人が満足するか否かを基準として、ショーの構成をたてたということである。これらのショーを韓国国内むけに公演したとしても、韓国人を満足させられる内容であったかという保証はない。むしろん、当時の米８軍舞台に出演していた者たちが韓国人むけにも公演をしようと考えていたかは定かではない。少なくとも韓国人むけに準備されたショーを、米８軍舞台にも公演するという発想はほとんどなかっただけにとどまらず、通用しなかったというのが現実であったようだ。

３．米８軍舞台を主たる仕事場としないＫＰＫ

だが、米８軍舞台に出演したショー団体にも例外はあった。それがＫＰＫである。どのような違いがあったかをソン・ソグが以下のように説明した。

米軍ショーをやっている人たちは、歌い手にしろバンドにしろ、初めから、ターゲットを米軍において、それをやるために、舞台を作って、それでオーディションを受けて、やったわけでしょ。ＫＰＫは、そうじゃないんです。米軍のためにプログラムを作ったんじゃなくて、一般公演のために出来ているプログラムを、もちろん少し手直しはするかもしれないけれども、それをそのまま、米軍に向けて公演してオーケーだったんですよ。それが、（ＫＰＫの）性格が（他と）ちょっと違った点……。他の団体は、色々ありますけれども、定期的にオーディションを受けて、それからランクをされるわけですね。クラスAとかBとか。KPKは、そうじゃなくて、一般公演もしていて、公演のブランクがあるときに、米軍ショーをやるっていう……。

この説明から、KPKが対象とした客が韓国人だったことがよくわかるだろう。米8軍舞台のオーディションはランク付けされるのだが、このランクが報酬にそのまま響いたので芸能人たちは、日々、高いランクを得るために練習に追われたのである。

ここで、KPKの設立について言及したいのだが、設立の経緯が第二次世界大戦前の朝鮮樂劇団にまで遡るので、次節では朝鮮樂劇団から概観したい。

4．KPK前史としての朝鮮樂劇団

韓国では、一九三〇年前後に日本のレコード会社、ビクター、コロンビア、ポリドールなどの支社が置かれた。これに少し遅れて一九三三年にテイチク系のオーケーレコードが設立された。後発のオーケーレコードでも、他社と同じように、韓国人の専属歌手、専属作詞家、専属作曲家等を抱えた。当時の状況をソン・ソグが次のように述懐した。

オーケーレコードが、一番陣容も充実していて、華やかで、人気者揃いで、そんな状態だったわけですね。オーケーレコードが出来て、レコードを出したんですけれども、専属タレントたちを、遊ばせておくわけにはいかない。年中、吹き込みをやるわけではありませんですからね。吹き込みをするよりは、遊んでる、「遊ぶ」って言えば語弊がありますけれども、何もしない時間が、多いわけですよ。ですから、そこに着目したんだと思うんですけど。

会社としては、専属で雇用した者たちが、レコーディング以外のあいている時間にも、持てる力を十分に発揮できるものはないかと考えたのであろう。それが朝鮮樂劇団であったのである。オーケーレコードが録音をメインとしたのに対して、朝鮮樂劇団は実演をメインとしたのである。経営者側にとっても経営効率がよかったであろうし、芸能人にとっても自身の能力を持て余すことがなかったであろう。朝鮮樂劇団と似た二番煎じも登場した。だが、朝鮮樂劇団は二番煎じとは一線を画した。ソン・ソグの解説に耳を傾けてみよう。

朝鮮樂劇団の後に、色々、こういった類似の団体が出来るんですけれども、ちょっと、キャラクターが違うんですよね。他の樂劇団だとか歌劇団だとか、色々、名の付いた団体は出来るんですけれども、いわば、歌入り新派っていった程度の出し物が多かったんですよ。そのほとんどが、第一部が、いわゆる芝居ですね。それで第二部が、いわゆるバラエティショーでやるわけですよ。

バラエティショーっていうのは、やっぱり、バンドと歌ということになりますよね。ところが他の場合は、陣容が揃っていないということと、やっぱり、音楽的なリーダーがいないということで、ほとんど演歌だけになっちゃうんです。

朝鮮樂劇団だけは、音楽が中心で、次元が違うというのかなあ、こう、ミュージカル、今で言えばミュージカル団体みたいな。で、人的構成もそうですしね。

朝鮮樂劇団には音楽的なリーダーがいたからこそ、他の団体との差があったという。この音楽的リーダーが、先述したソン・ソグを朝鮮樂劇団とそれを引き継いだＫＰＫに団員として推薦したキム・ヘソンである。

朝鮮樂劇団は、他の団体に差をつけることが出来たからといって、経営が安定していたわけではなかった。今日の韓国とは違って、市場も狭く、貧困という文字が似合っていたような社会状況だったからである。そのうえ、資本もなく、大きな組織でもなかったため、経営状況は厳しかったが、社長のリ・テッの情熱で朝鮮樂劇団は動いていたようなものだったとソン・ソグは振り返った。だが、リ・テツ社長が八・一五近くに亡くなってしまったことによって、朝鮮樂劇団は解散に追い込まれてしまった。

5. KPKとは何だったのか

朝鮮樂劇団の活動を受け継いだのがKPKである。旗揚げの時のいきさつをソン・ソグは次のように語った。

キム先生が中心になって、全員じゃないけれども、志を同じく出来るような人たちを集めて、KPKというのを作ったの、八・一五に。それが、キム・ヘソン（金海松）、これ「K」ですね。音楽を、作編曲と指揮を（担当）。それで、ペ・グンソン（白恩善）という人が、いわゆる、舞台を作るわけですね、構成したり台本を作ったり、演出をしたり、これ「P」ですね。それから、キム・ジョアン（金貞桓）という人が、美術を担当する。舞台衣装だとか、舞台装置だとか、これ「K」ですね。で、このイニシャルが「KPK」なんですよね。

KPKは、基本的に朝鮮樂劇団と同じ構成員だった。八・一五によって日帝から解放されたとはいえ、韓国国内の経済状況は変わらなかったと言ってよいだろう。したがって、KPKも朝鮮樂劇団同様、資金繰りに苦労したのは想像に難くない。むしろ、朝鮮樂劇団の頃よりも悪化していたかもしれないだろう。朝鮮樂劇団では社長という団員とは別の経営者がいたの対して、KPKでは、団員の自主経営、しかも共同経営であった点からみても経営が難航したと予測できるだろう。この点についてソン・ソグに尋ねると、KPKが経営的に苦労していたと口をついて出た。

次にKPK独自の演目についてみてみよう。

出し物はね、たとえば、「カルメン」だとか、「ロミオとジュリエット」だとか、こういうものもね、大衆的に、娯楽的に、面白くね、組み直して……。

オペラをそのまま移すんじゃなくて、それをもちろん、題材にして……。音楽のエッセンスは活かして。ええ。それをとても大衆的に。

ソン・ソグによれば、オリジナルの題材をもとに、韓国人むけにアレンジを施したという。食べやすいように味付けを韓国人むけにしたと理解すればよいだろう。

では、米8軍舞台ではどのようなショーを提供したのだろうか。ソン・ソグは当時を思い出し、滑らかに語り出した。

たとえばですねえ、こういうプログラムがあるんです。「僧舞」っていうのがある。僧侶、女僧ですね。で、コスチュームがあるんですよ。こう長い裾の、それから三角の形をした頭巾をかぶるしね。それで太鼓を叩くバチを持って。とても韓国的な、ゆったりとした美しい踊りがあるんですよ。そういう僧舞があるんですね。踊りを踊った後で、太鼓を叩く。それだけで十分、一つのショーですよ、見せ物ですよね、普通の場合は。

ところが、ＫＰＫでは、もちろん、僧舞で、女が二人の場合もあるし、三人の場合もあるし、一人の場合もありますけれども、踊りを終えて、太鼓を叩くときになりますね。ここから、違うの。太鼓を叩きながら、それがジャズのスウィングのリズムになるわけですよ。そうしますと、バンドのドラムが、一緒に噛み合うんですね。それで、オーバーラップするんですけれども。その当時、トミー・ドーシー（Tommy Dorsey）の、ヒットナンバーで、《Song of India》というのがありました。《Song of India》をスウィングにアレンジした。ドラムの後に、トロンボーンのソロが出て来ますね。ＧＩたちは、熱狂しますよ。

ですから、僧舞は、今まで完全にこれは、コリアンショーですよね、コリアンのローカルカラーですよね。彼らの想像がつかないような。それを見せられていたところへ、《Song of India》のリズムがオーバーラップして。もう、熱狂しますよ。キム先生は、音楽の使い方というか、音楽の楽しさ、面白さ、こういうのを、クラシックなりジャズなり民謡なり、何でも、こう、その時々に、味付けをするのが、非常に、人真似の出来ない、すごい……。

先述したようにソン・ソグはインタビューをお願いした二〇〇八年時点で九〇歳近い。その彼に当時のステージをここまで具体的に語らせたのは、音楽的リーダーであったキム・ヘソンの能力の高さは言うまでもなく、観客の米兵たちの熱狂も相当なものであったのだろう。だが、ＫＰＫも長くは続かなかった。資金繰りとは違う、悲惨な最期がやってきたのだが、ソン・ソグは悲しみを思い出したのか、ゆったりと言葉を紡ぎ始めた。

　朝鮮戦争が起こってからは、不幸の始まりなんですよ。あのう、このキム先生がね、収容所に入れられました、北の。彼らがソウルに、六・二五で侵入して来ましたねえ。で、九月二八日、ソウルが奪還されるまで三ヶ月の間に、我々はほんとに、生き残ったのが、ほんとに何て言うのかなあ、神の恵みで、死ななくて嘘みたいな感じでしたから。それで、（キム先生は）九月二八日前後に、連行されたんです、北へ。途中で、機銃掃射にあって、あのう、最期を遂げられたようですけどね。

ＫＰＫは戦争の犠牲となってしまったのである。ソン・ソグは自分の所属する楽団のない者たちと一緒に朝鮮戦争停戦後にインチョンの米8軍舞台で演奏活動をし、その後、プサンに避難する。

おわりに

米軍基地内に娯楽施設として設置された米軍クラブを外来音楽の受容という点から検討するならば、

フレースの理論を逸脱した、いきなり完成された興行システムが目の前に現れることが最大の特色であろう。しかもそこでは必ず、米軍人、米兵の価値基準が絶対であることも忘れてはいけない。

第二次世界大戦後の韓国の大衆音楽を発展させた人の多くが、程度の差はあれ、米8軍舞台と関わっている。日本の場合も同様のことが言えるが、占領期に限定されることが比較的多いのに対して、韓国の場合は一九七〇年代まで米8軍舞台の影響は大きい。こうした背景のなかで、KPK、その前身である朝鮮樂劇団の存在は以下の点において極めて特殊な例だったと言えよう。

KPK、朝鮮樂劇団のショー構成やエンターテインメイント性には、米8軍舞台の形態がすでに存在していたとみることができよう。こういった形態があったからこそ、米8軍舞台に違和感なく、導入できた。KPKのように米軍向けに自分たちの独自性をアピールすることが出来たのは米8軍舞台だけに限らず、米軍クラブの設置された国においても特異な事例だったと考えられるだろう。

Ⅲ　作り手の思いを引き出す

第7章　バンドマンは戦後をいかに歩いたか
――バンドマン・高澤智昌の語り

はじめに

本章で提示するライフヒストリーの語り手である高澤智昌は、陸軍軍楽隊出身者だが、その音楽経験をジャズに転向させることで戦後を歩みはじめる。日本人の立ち入りが禁じられた、オフリミットという特異な空間にバンドマンとして出入りしながら演奏活動を続け、歌謡曲を発展させた代表的な作曲家である服部良一や同じく代表的な歌手である笠置シヅ子とともに仕事を行い、のちに広告代理店に所属し、テレビコマーシャルの制作をするなど、戦後日本のポピュラー文化の代表的な現場のいくつかに関わってきた（表7-1、次頁）。高澤の語りを検証することは、我々が戦後日本のポピュラー文化を考えるにあたって多くのヒントを与えてくれるに違いない。(1)

表7－1　高澤智昌の略歴

1922年	（大正11年）		：東京・五反田生まれ
1934年	（昭和9年）	（12歳）	：高等小学校卒業、電機学校（現・東京電機大学）予科入学
1939年	（昭和14年）	（17歳）	：電機学校本科卒業、東芝（川崎）入社
1942年	（昭和17年）	（20歳）	：陸軍戸山学校入学（軍楽生徒）
1943年	（昭和18年）	（21歳）	：軍楽生徒として、出陣学徒壮行会参加（神宮外苑）
1945年	（昭和20年）	（23歳）	：終戦、軍楽隊解散、禁衛府奏楽隊に参加
1946年	（昭和21年）	（24歳）	：ジャズに転向、クラックスター結成
1956年	（昭和31年）	（34歳）	：作曲家・服部良一に弟子入り
1961年	（昭和36年）	（39歳）	：独立、広告代理店・株式会社日本楽劇社入社
1972年	（昭和47年）	（50歳）	：社団法人日本楽劇協会理事・事務局長就任
1987年	（昭和62年）	（65歳）	：社団法人日本楽劇協会退職
1989年	（平成元年）	（67歳）	：日本吹奏楽指導者協会（JBA）入会
1991年	（平成3年）	（69歳）	：日本大学高等学校ブラスバンド部の指導（約12年）
2001年	（平成13年）	（79歳）	：『ブラスバンドの社会史』（共著・青弓社）上梓
2009年	（平成21年）	（87歳）	：日本吹奏楽指導者協会（JBA）名誉会員
2015年	（平成27年）	（93歳）	：永眠

なお、本章の初出時（二〇〇一年）には、あくまで高澤智昌の語りの展開を妨げることがないように、筆者の解釈が行き過ぎるような記述は敢えて避けた。だが、本書に再録するにあたって、新たにインタビューを行い、新たな解釈を加えた論文を表し、高澤本人によるチェックをしていただこうとした矢先に、残念ながら不帰の客となってしまわれた。そのため初出を一部加筆するに留めざるを得なかった。もちろん、本章は初出時点で高澤智昌によるチェックを受けていることをここに記しておく。

ジャズへの転向

第二次大戦終戦後、陸軍軍楽隊隊員として音楽に接してきた高澤は、今後の人生の選択を迫られた。戦後、軍楽隊経験者は、NHK交響楽団、東京放送管弦楽団、東京都音楽団など、クラシック

図7-1　編成当時のクラックスター

注：ベースが高澤。

の分野に職を求める者が多かった。その他には、警視庁音楽隊、陸上自衛隊音楽隊、航空自衛隊音楽隊、海上自衛隊音楽隊が設立された時に、そちらに所属する者も多かった。これら以外に、オフリミットの空間である米軍基地内のクラブでジャズを演奏する者も現れた。このようななかで高澤はジャズへ転向し、横浜の進駐軍専用のキャバレーで演奏をはじめる。

（禁衛府奏楽隊が）解散になる一、二カ月ぐらい前に私の同期生や仲間で、バンドを結成しました。4サックス・4ブラス・3リズムという11人編成です。早くどこか職場をさがさなきゃということでオーディションを受けて、横浜の中華街の近くにある日本人経営の（進駐車専用のオフリミットの）キャバレー・横浜ニューヨーカーに入りました。お客さんは黒人兵がほとんどで、クラブ、まあキャバレーっていうんでしょうね、ああいうの。お酒飲んで、ダンス踊って……ダンサーは全員日本人でした。

（バンドは）クラックスターという名前。（略）一〇年ぐらいやってました。当時は、軍楽隊からいきなりジャズへ転向したので、アドリブのやり方もわからない状態でした。

（楽器は）はじめ三カ月ぐらいベースをやってました。軍楽生徒を卒業してから研究楽器でチェロをやってましたので。それから、海軍出身でベースがうまいのがいて、こちらでやりたいというので、私はドラムに転向しました。

軍楽隊で演奏したレパートリーには、戦時中に敵国音楽だったジャズは当然入っていない。アドリブ奏法がジャズの命といっても過言ではない以上、軍楽隊からジャズに転向した者には、アドリブ奏法をマスターするのに苦労した人も多かったらしい。もちろん、向き不向きもあったことだろう。では、高澤はなぜジャズに転向したのだろうか。

やはり稼がなきゃというのもありました。じつは、軍楽隊に入る前は川崎にある東芝の研究所に勤めてたんです。履歴書を書いて戻ろうかとも思ったんですが、まわりの様子を見るとなんだか楽しくやれそうで、というのがいちばんの理由かな。

敗戦から占領期が終わる頃までジャズメンは稼げたと言われているが、それを体験した高澤はこう振り返る。

仕事はよりどりみどり。でも、おまえのところのバンドうまいから、Ａ（ランク）やりたいけどまだ若いからＢ（ランク）にしとく、といわれて。Ｂにされちゃったんですね。それでも、安い人でもふつうの社会人の倍はもらっていた、もうけた人はもうけた。私ももうけました、お蔵は建ちませんでしたけれどね。ギャラは関係なく、いい仕事をしようと思っていました。それでバンドマスターは設けないで（コンサートマスターはいましたけど）、合議制のバンドにしました。おそらくほかのバンドではやってなかったようなやり方でしょう。

米軍関係の仕事をするには格付け審査があり、この結果によって出演料が決まった。出演料は、基本料金をはじめとして旅費などもあって算出が複雑であり、一九四九年（昭和二十四年）、五一年と料金が改定されているためここでは細かな数字までは言及しないが、高澤の所属したバンド・クラックスターはランクがＢでも、高澤が述べているように、手に入れた金は一般の社会人よりも遙かに多かった。

もちろん経済的な魅力もあっただろうが、それだけではジャンルの転向は難しい。高澤は軍楽隊の頃とジャズとの関わりを振り返る。

軍楽隊の生徒の頃、自由時間に内緒でトランペットをやってるやつと二人でジャズを演奏し、好きな曲をやってました。いまだから言えますが（笑）。

では、具体的にどんな演奏をしていたのだろうか。

ダンスバンドっていいますか、まだ歌バンドではないダンスの伴奏。当時のポピュラー音楽が主体のレパートリーでした。

そのころは歌い手さんとあんまり接点はありませんでした。ただ、われわれが行ってるクラブにそういうのが回ってくる。ショーの連中が歌い手さんや踊る人とか、はっきり言うとストリップショーとか、そういう人たちの伴奏はやりました。

雪村いづみちゃんとか、だいぶあとになってからつきあいましたけど。

ジャズへ転向したわけだから、演奏するにしても譜面の問題やレパートリーの問題など努力しなくてはならないことも多かった。その一例をみてみよう。高澤の所属したバンド・クラックスターでは《Sentimental Journey》という曲を演奏したのだが、この曲に関しては、自分たちの手元に譜面がなくて苦労したことを述懐する。

まだ敗戦の翌年ですからね。ちまたではもうレコードで流れていました。けれど、譜面はまだきてなかったんでね。われわれのところはお客さんが全部兵隊さんで、リクエストがあるわけです。で、メロディーぐらいはすぐわかるから、私のところでトップアルト吹いていたやつが、服部（良一）先生のところへレッスンに行っていたんだけど、その男が「じゃあオレ、さあっと書いてくるから」と言って譜面を書いてきた。ウチはそのころ４サックスだったから、サックス４本、トランペット１本くらい入ればサマになるかなってね。あとは、プチアレンジとかでおおまかなことを書いて演奏してたことは覚えてます。

だからきちんとした譜面はありませんでした。レス・ブラウン（Les Brown）なんかがやってるような、イントロがあって〈タラタラタ－ラ〉転調して歌に入っていくアレンジじゃなくて、ただ同じ調子で、適当にピアノのイントロが二小節ぐらいあって、〈タ－ラタ－ラタラ〉って出るやつですね。

メロディーの譜面ぐらいはヒットソングだったらどこかで売ってたかもしれないけれども。わりに覚えやすいから。ハーモニーはそこまで採ったかは知らないけど、それらしいことは書いてきたからね。その譜面がよく大活躍しました。

採譜に近い状態だったと言えるだろう。さらに、当時のステージで演奏したレパートリーに関しても演奏風景が目に浮かぶようなエピソードが飛び出してきた。

ブギを二、三曲。そのころお客は黒人兵が多かった。ブギが三曲ぐらいあると一日終わっちゃうんですよ。1ステージ三曲演奏して、またリクエスト。あのころあったブギっていうと、トミー・ドーシーのオリジナルブギ、それからハンプスブギっていうのがあった。手を叩くところがあって、けっこう盛り上がりました。ピアノのソロもあって、ガタガタで、まったく調律もしてないようなひどいピアノでしたが、ピアニストがよかったのでうまくいった。それとか、ほかにもブギがありました。踊るほうもくたびれたと思います。ダンサーはみんな日本人ですからね。こちらも疲れるというので、合間に《Sentimental Journey》やったりして。そんなふうにして一日が終わるというような感じでした。

そのころから始めて、一年ぐらいでレパートリーが一五〇曲ぐらいたまったんですよね。はじめは三〇曲ぐらいしかなかったけれど。

クラックスターがレパートリーとして増やしていった曲は、すべてアメリカなど海外のポピュラー音楽で、オリジナルはなかったと高澤は口にし、当時の楽譜について次のように説明した。

アメリカ軍の慰問用の楽譜『ヒット・キット』（実物の写真は96・97頁）っていうのがあって、あれに付随して、そのなかのをバンドでちゃんと演奏するようなパートになっていて、それがセットで送られてくるんです。流行している曲のメロディーと歌詞が書いてある薄い冊子なんで

図7－2　V-Disc 731A（1945年）

すが、それにフルバンド用パートやコンダクター用のがついてくるわけです。そのおこぼれをわれわれがどこかクラブなどに置いてあったりしているものをいただいてくる。楽器屋などでも人目につかないような隅っこに置いてあったりして、あまり置いてないんです。軍事用だから正規のルートで輸入できない。レコードも、Vディスク盤[2]（図7－2）っていうのがあったでしょ。あれ（の譜面版）みたいの。

要するに、どこかにあのアレンジがあるといって、レコードやVディスク盤を聴いて、あのアレンジあそこでやってたぞっていうとパアッと行って、友達がたいていそこにいるから一晩借りてきて、自分のパートは自分で書く、というふうにしてためていったんです。そして翌日の夕方までに、パートパートをすべて集めて返しにいくというぐあいです。

演奏するための楽譜は、ある意味、バンドの生命線だったため、仲間同士での協力というのも盛んだったようだ。レパートリーはさらに増えていった。

お互いに貸し借りやっていました。そうしないとなかなか（レパートリーは）増えないし、自分でアレンジする能力もまだなくて。そういう時代でした。ただし、私などはダンサー用に戦争中の末期にはやった《南の花嫁さん》（一九四二年）とか《湖畔の宿》（一九四〇年）などの日本の流行歌を、ダンス用に見よう見まねで書いた譜面を演奏して、ダンサーにひじょうに好評を得たという思いはあるんです。

だいたい一年で一五〇曲ぐらい、それが財産ですからね、バンドとしては。そう同じのばかりやってられないし、やるほうも一晩に同じ曲を何回もやってたら飽きちゃう。いくら名曲やいい曲でもね。

もちろん、バンドスコアとして完全な譜面を入手したわけではなく、あくまで自分たちの手で工夫していたのだが、高澤はこのことに関して、次のように述べる。

とりあえず聴いて、似たようなアレンジで書いてやってたっていうのがけっこうあります。だから本物ではないんです。どこかちょっとハーモニーの進行が違うというのがありましたが、いちおう輪郭は同じですからね。

だが、バンドといっても、超がつくほどの一流どころは勝手が違ったようだ。

スペシャルアレンジは、アメリカに行って持ち帰った人なんかが広めたみたいなもの。そういうことは、わりに一流バンドがやっていた。われわれは一流じゃなかったから、あのニューパシフィックオーケストラとかね、戦前からのバンドマスターがいたような、わりに戦前からあった曲もあるしね。

われわれがニューヨーカーに入る前にいた、ブルーコーツの小原（重徳）さんや小島政雄さんなどの一流バンドは、外国ルートみたいのがあったみたいですね。まだ、楽器屋さんに頼んだって輸入のルートなどはできあがっていなかったでしょうから。

いい譜面を持ってると得意がっていたわけですよ。俺たちは一流バンドなんだとかさ。やっぱり格が違ってた。

服部良一との出会い

進駐軍相手に演奏をしていたジャズメンは、将校クラブをはじめとしたクラブやホテルなどの専属バンドとして仕事を得ていた者から、新宿駅南口や東京駅八重洲口などのターミナル駅で、楽器の出来る人をさがしていた「拾い」と呼ばれた仲介業者にその日かぎりの仕事をもらい、その日かぎりのメンバーでバンドを組まされ、トラックの荷台でキャンプに運ばれて、そこで演奏するという、アルバイト的な者まで、かなりの数がいた。

高澤たちのクラックスターは、早い時期に作曲家として名高かった服部良一の仕事を請け負うこと

図７−３　笠置シヅ子のレコード

注：「楽団クラックスター」とある。

になる。もちろん、服部との出会いがその後の高澤の音楽人生のなかで大きな影響をもたらしたことは言うまでもない。高澤は服部との出会いのいきさつを述懐する。

（クラックスターの仕事場が）横浜から東京に出た直後に、われわれが新しくできたキャバレーの専属になったときに、服部先生が上海から帰ってきてアーニー・パイル劇場の音楽の監督の顧問でそこに行っていらっしゃったので、先生にウチのバンドの演奏を聴いてくださいといって来てもらったんです。一九四七年（昭和二二年）頃でしょうか……。

服部先生にみてもらおうと、いちばん最初にやったのは新規開店のキャバレーで、新橋のいま東電があるところかな。ＧＨＱクラブの同伴専門の二階にホールがあって、そこで夜七時から一時とかに演奏してたんです。一階にビアホールがあって、そこでスター・ダスターズとかが演奏してました。それを八時までやるという仕事が続いていましたが、昼間のあいだは空いてたんです。それで、新橋の田村町にある飛行協会ビルの四、五階に飛行館という映画館があるから、映画のあいだ、三木鶏郎さんのバンドと二組で交代でアトラクションやるってことで、服部先生が話をつけてくださった。それからですね、歌の伴奏を服部先生のところでやるようになっていくのは。

服部良一と出会ってから、クラックスターは自分たちのバンドとしての仕事と服部からの仕事、主に歌伴《うたばん》と呼ばれる歌手の伴奏をすることになる。

服部先生の仕事で、先生が音楽監督をやった映画は、だいたいわれわれ（クラックスター）が音を出したんじゃなかったかな。バンドやってるときは、服部先生と提携した仕事はけっこう多かった。映画、ステージ、地方公演とかね。

高澤は、服部から依頼された仕事のいくつかを当時の写真を見ながら語りだした。

ときどき、こういうの（巣鴨の戦犯慰問〔図7−4・次頁〕）が飛び込んでくるわけなんですよ。巣鴨は二回行きました。灰田勝彦さんと行って、あとから笠置シヅ子さんと行って。

（プロ野球ファンの集いのパンフレット〔図7−5・次頁〕を見ながら）戦後、はじめて日本にサンフランシスコ・シールズという野球チームが来たときの歓迎レセプションなんですね。当時、芝にあった日活スポーツセンターでやったんですが、その時、色々な歌や踊りで歓迎して、そのあいだに川上（哲治）さんや千葉（茂）さん、水原（茂）さんとかがそれぞれの持ち場の解説をし

図７−４　巣鴨拘置所での「戦犯慰問」のパンフレット

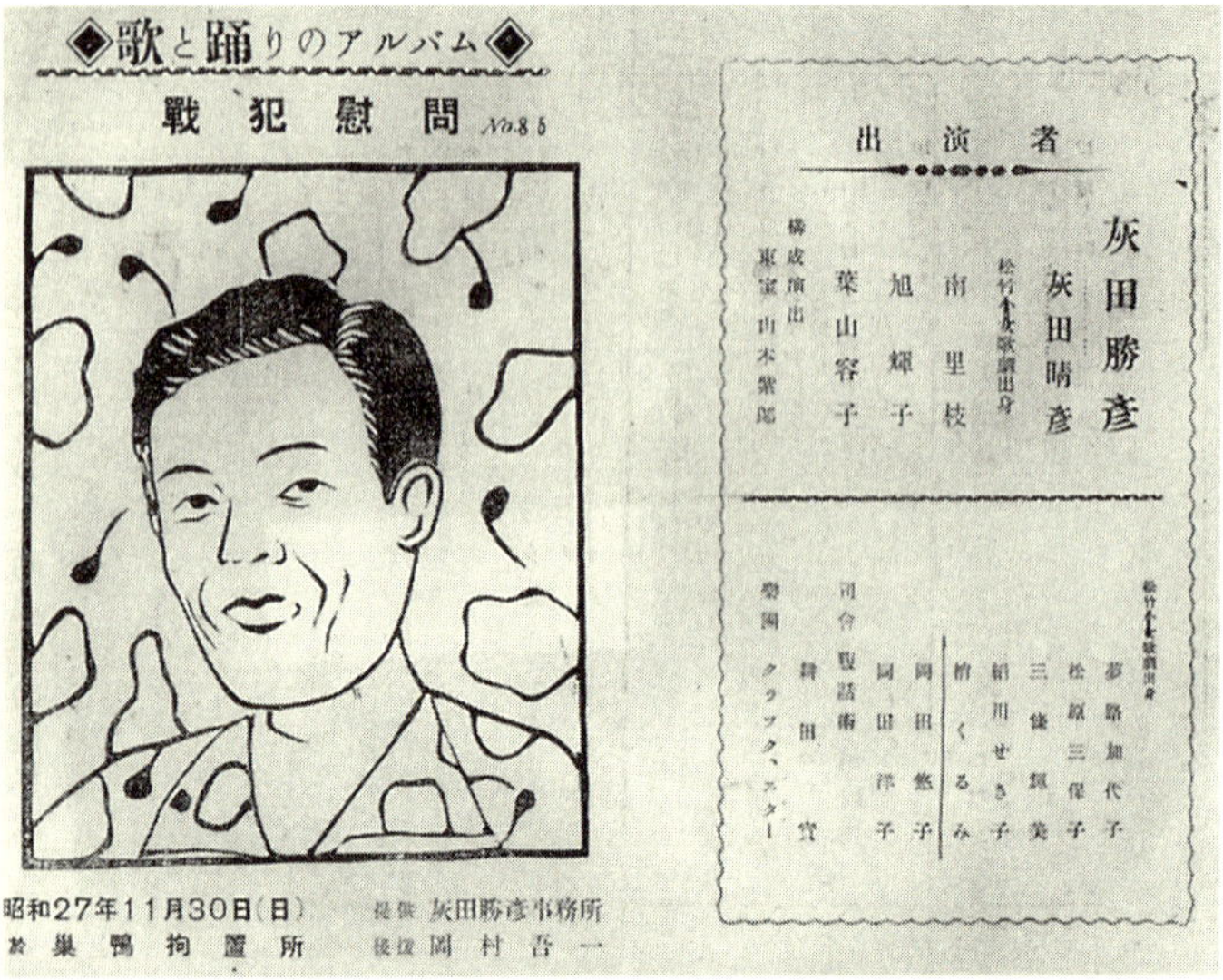

◆歌と踊りのアルバム◆

戦犯慰問 No.85

昭和27年11月30日(日)
於 巣鴨拘置所

提供 灰田勝彦事務所
後援 岡村吾一

出演者

灰田勝彦
松竹少女歌劇出身 灰田晴彦
南里枝
旭輝子
葉山容子
構成演出 東宝 山本紫朗

松竹少女歌劇出身
夢路加代子
松原三保子
三條照美
紹川せき子
館くるみ
岡田悠子
岡田洋子
司会腹話術 井田實
楽団 クラック、スター

図７−５　「プロ野球ファンの集い」のパンフレット

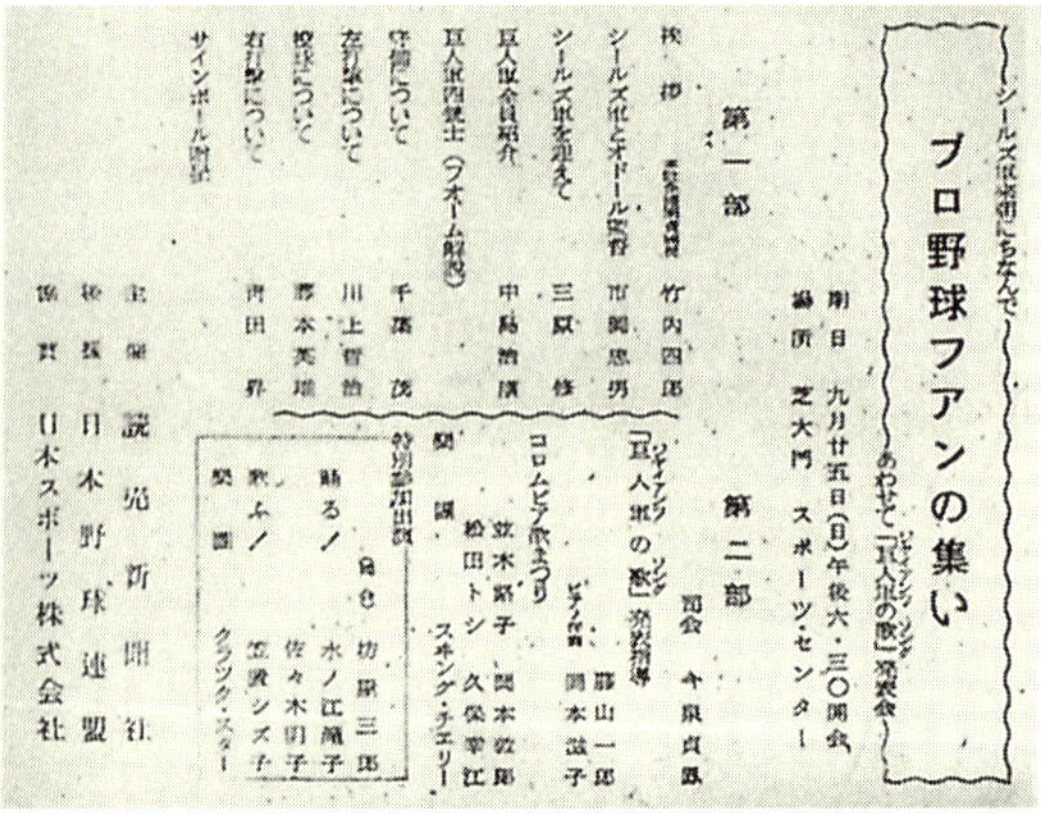

シールズ軍来朝にちなんで

プロ野球ファンの集い

あわせて「巨人軍の歌《ジャイアンツ・ソング》」発表会

期日 九月廿五日(日)午後六・三〇開会
場所 芝大門 スポーツ・センター

第一部

挨拶 竹内四郎
シールズ軍とオドール監督 市岡忠男
シールズ軍を迎えて 三原修
巨人軍会員紹介 中島治康
巨人軍四選手（フォーム解説）
守備について 千葉茂
左打撃について 川上哲治
投球について 藤本英雄
右打撃について 青田昇
サインボール贈呈

第二部

司会 今泉貞郎
「巨人軍の歌《ジャイアンツ・ソング》」発表指導 藤山一郎
ピアノ伴奏 岡本敦子
コロムビア歌まつり
並木路子 岡本敦郎
松田トシ 久保幸江
スヰング・チエリー
漫談

特別参加出演
唄 坊屋三郎
踊る！ 水ノ江滝子
歌ふ！ 佐々木明子
笠置シズ子
楽団 クラック・スター

主催 読売新聞社
後援 日本野球連盟
協賛 日本スポーツ株式会社

たり、大スタープレイヤーが解説をしたりして。そのアトラクションで演奏しました。
その頃は、笠置さんとほとんど一緒に行動していましたので、笠置さんの出るところは全部ウチがやってた。

地方公演や宝くじの抽選会の仕事についても、当時をこんなふうに振り返った。

地方に行くと狭いステージでやらなければなんない。ときどきピアノがない街があったりして、どこかお医者さんの家から借りてきたりしました。そういう時代だったんです。
地方に行くとギャラもよかったですよ。やはりこういう一流どころとわれわれはずっとつきあってたんで、わりにいい仕事をしたと思います。
宝くじの抽選会とか。矢をこう射るでしょ、タッタタッタタタって。あれが簡単で、いちばん確実で効率のいい仕事でね。日劇でやったり有楽座でやったり、夏は由比ヶ浜海岸でやったり。他には森繁（久弥）さんとか、司会者だったからねあの頃は。

戦後、服部良一が笠置シヅ子とともに一世を風靡したが、それは服部と笠置が渡米したことが、新聞紙上に取り上げられるほどのものだった。この渡米に際して羽田空港で、しかも飛行機のすぐそばで演奏までしての見送りだったというのは、今日では想像も出来ない。もちろん演奏したのは高澤の

図7－6　渡米する服部良一を羽田空港で見送る

所属していたクラックスターだった。服部もクラックスターとの繋がりは大切にしていた、ということもうかがえるエピソードがある。

服部先生がはじめてアメリカへ笠置さんと行くときの羽田へ送りにいったときの（写真〔図7－6〕）。今はこんなこと出来ないけど、飛行機のすぐそばまで行って、服部先生のヒット曲をパアーッてやって、いってらっしゃい！　ってやった写真です。

そのあとすぐに先生が向こうへ行って、いつ帰ってくるか知らなかったんだけど、先生がそのあいだわれわれを五反田のカサブランカっていうキャバレーに入れてくれたんです。俺がいないあいだ仕事ないだろうからそこに入ってろ、と言って。そこには夏を過ぎてもいました。

ほかにも当時の仕事の様子をいくつか紹介しておこう。

ブルーコーツが、ユーフォームの色がわれわれとほとんど同じだったんだけど、ブルーのときがあったんです。ちょっと仕事がダブっちゃったとき、「高澤さん悪いけど、ブルーコーツって言って行ってください」って言うので、ブルーコーツみたいな顔して行って帰ってきたってことがあった。

完全に代行したのは、焼ける前のバラックでできてたあの頃のラテンクオーター。シャープス&フラッツが専属でいて、江利チエミなんかが旅に出るときに空くと、穴埋めでよくやりましたよ。

図７－７　笠置の公演のパンフレット

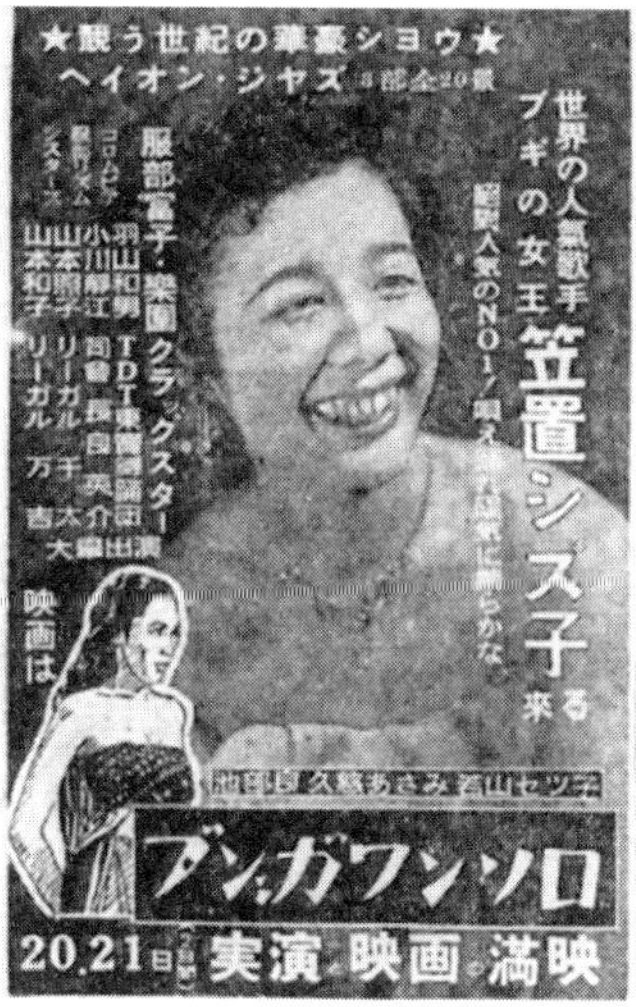

注：クラックスターの文字もある。

占領期が終わって

一九五二年（昭和二七年）四月、サンフランシスコ講和条約が発効されたことによって、進駐車の多くは撤退をはじめる。この頃からジャズブームが起こるのだが、進駐軍撤退による影響で仕事場が減ってしまったので、バンドマンにとっては大変な時期にもなる。

高澤は、すでに服部良一の仕事を請け負っていたので大きな影響はなかったが、それでも当時のバンドマンへの影響は大きかったので、他人事には思えなかったのだろう。

どんどん仕事場が減っていく。バンドはどうしようもなくどんどんつぶれていくし。アメリカ軍相手の仕事してるとそういうめにあうんです。そうすると、仕方なく歌伴《うたばん》のコロンビアの専属になったり、ドサ回りをしたりしたバンドはけっこう維持できました。

フルバンドみたいに人数が多いと、維持できなくなる。いまの時代と同じで、何人かぽっと五、六人キープして食いつないで、なにかあったときに呼び寄せるというぐあいで、そうしないとふだんから気張った給料を払っていくわけにいかない。ラテンクオーターや赤坂の月世界などのナイトクラブやキャバレーのちょっと大きめのところにいれば、なんとか食いつなぎができていました。

（ジャズブームが終わって、やっぱり仕事が減ってきたので）転向できるところはしています。私の場合は、それ以前にもう服部先生とのコンビっていうのができあがっていましたけど。

なかでも、ジャズブームのときにひときわ輝いていたのが、ビッグフォー（小野満・ジョージ川口・中村八大・松本英彦）だった。このメンバーのなかの中村八大は、坂本九の大ヒットした《上を向いて歩こう》（一九六一年）を作曲し、小野満も紅白歌合戦でのバックバンドを務めるなど、その後の歌謡曲との繋がりも深かった。もちろん、他のジャズメンのなかにも歌謡曲の歌伴《うたばん》をする者もかなり現れてくる。高澤は、服部良一と仕事をするようになってから、前述したように、笠置シヅ子や雪村いづみ、藤山一郎の歌伴を務めている。

高澤は、歌謡曲の世界でも頭角を現した小野満について、こんなふうに述懐している。

小野満は、ビッグフォーを解散して自分のバンドを作って紅白歌合戦などに出はじめた。やはり、ＮＨＫの紅白に出ているのを見て、私はいい仕事見つけたなって強烈に思った。それだけ（演奏の）質もよかった。

テレビ時代へ

一九五三年（昭和二十八年）、ＮＨＫがテレビ放送をはじめた。この放送が始まる前に試験放送があったのだが、高澤はこれに出演している。

われわれは付属品みたいなものです。まだ本放送が始まる前のテレビの実験時代で、内幸町にスタジオがある頃、実験放送で笠置さんとよく出てた。一般には公開していないけど、ちまたでは駅の大きなテレビに映っていたんです。それを「あっ、高澤出てるぞ！」って私の先輩が見つけたこともありました。ＮＨＫ交響楽団でトロンボーン吹いていた人ですけど。

一九五二、三年というと、笠置さんとか歌い手さんとの地方興行の仕事は、けっこう成り立っ

図7－8　クラックスターの演奏風景

注：ドラムが高澤。

た。そのうちだんだん放送局・テレビ局が開局すると、公開はタダだから、ふつうの興行がだんだん成り立たなくなって、しぼんでいくんです。

テレビ放送が始まったことによって新たな仕事場が登場したのと引き換えに、地方興行は少なくなっていかざるを得なかった。このテレビ業界の仕事に関わったことが、のちに高澤がテレビのコマーシャル制作とかかわっていくことを考えると興味深い。

アレンジの勉強——服部良一事務所へ

敗戦から一〇年あまりを経て、一九五七年（昭和三二年）の「経済白書」には「もはや戦後ではない」と記された。アメリカ軍関連の仕事も減り、同世代のジャズメンも仕事場を転向する者などもいて、文字どおり時代が変わりつつあった。高澤も仕事を転向したが、それは業種を変えたりしたのではなく、プレイヤーからアレンジャーへと移行していったのである。高澤は当時の心境をこう語っている。

　こういう仕事（プレイヤー）は、歳とっていつまでもやれない。
　横浜で、はじめて黒人兵専門のキャバレーに入った時もダンサーに気に入られようと思って、戦争末期にはやった流行歌を、ダンスふうにアレンジしてやったところ、兵隊さんはなにもわからないけれども、ダンサーが踊りながら説明してるんです。上から見てるとダンサーからひじょうに気に入られていたと思った。自分はもうけようと思ってやったわけではないし、勉強で書いてみたんですが、それがけっこうウケたというのが一つのきっかけですね。

そこで、高澤は服部良一のところへ弟子入りすることになる。

　うちの娘が一九五五年（昭和三〇年）生まれだから、娘が生まれたときはまだバンドをやってた。けっこう自分の仕事もパラパラとありました。歌い手さんと一緒に旅のあいだに、空き時間ができると木更津あたりのクラブなどで演奏したりして仕事を埋めていました。娘は日赤病院で生まれたけど、そのときは木更津のほうの進駐（ママ）軍のクラブに仕事に行ってて朝帰ってきたら生まれてた。無責任な親父ですね。

バンドは解散というんじゃなくて、友達に譲ったわけです。私だけがクラックスターから抜けた。服部先生が、おまえ一人ぐらいならウチも手不足だからいいよ、と言って受け入れてくださったわけです。約五年いましたね。


では、服部良一のところに弟子入りして、どのようにアレンジの勉強をしたのだろうか。高澤は、当時のことを詳細に教えてくれた。


その時は、落語家の内弟子みたいに師匠の肩を揉んだり家のなかの拭き掃除をしたりなどまではやらなかったけれども、それに近かったです。要するに、黙って先生のやってることを見て〈盗む〉という勉強の仕方でしたね。

先生がスケッチ書いてくれてね。たとえばリズムが必要だとメモがあったら、それを見て、われわれ弟子がスコアリングする。そして、写譜にまわすんです。当時、放送局には写譜室があって、写譜屋さんが待機していました。

レコーディングのアレンジっていうのは、直接はありませんでした。服部先生の曲は、自分で書いていますからね。写譜ぐらいはやったけれども。「明日のやつ、これできたから」ってポンと渡されて、われわれから写譜屋さんのところに行くようなかっこうでしたから。そのほかにお弟子さんたちが、仕事があるとフルバンド用で書いてくださいということで、「高澤、おまえ、あいつの書いてやれよ」と言われて書いた覚えは何人かあります。菅原洋一さんとか。

あの頃は、まだテレビよりラジオの仕事のほうが多かったから。そういうので、量がある時はわれわれも助太刀はしました。

アレンジの勉強をしながら、ちょっと練習がてら書いたということも、もちろんあります。たとえば、NHKの仕事で何曲か書かなくちゃいけなくなって、服部先生が音楽監督を全部引き受けていたから、「間に合わないから、君、書いてくれ」というので、渡辺はま子さんの「チャイナタウン《桑港のチャイナタウン》一九五〇年）」を書いた。チャイナタウンだから、チャカチャカチャンチャーンって入れてみたりしてアレンジを自分で勝手に書いて、先生は本番のその場でチェックする……そんなことはやってました。責任をもたされるから、アレンジの仕方が身につくんです。実践でお手伝いしていくというわけです。

レギュラーの音楽番組やってましたけど、それはいつも決まったメンバーでの録音でした。二七、八人のオーケストラで、すごく勉強になりました。

高澤は、実践的な場を通じてアレンジを学んできた。戦前は軍楽隊、戦後はジャズのノルバンドのプレイヤーだったという音楽経験は、アレンジにどのような影響を与えたのだろうか。

　オーケストラのアレンジだと管楽器が入ってるということでひじょうに気が楽でした。自分では意識してないんですけど。今もオーケストラのアレンジを書いているんですが、やってみるとブラスセクションに力が入ってしまうんです。

服部良一のもとには、当時の芸能界の人間の出入りが多かったという。高澤は、当時を懐かしみながらしゃべりはじめた。

　当時、服部先生のところに歌のレッスンに来ていた人のなかに、菅原洋一や、いま本を書いているジェームス三木――歌の弟子だった。それからあと、三人娘がいまして、朝丘雪路と東郷たまみと水谷良重――八重子さんになりましたけど――その三人、北大路欣也なんかも高校生のとき、レッスンに来てましたね。仕事で歌うことがあったらしいんですが、一曲だけ編曲してあげた覚えがあります。菅原洋一なども、出世払いということで、ほとんどタダみたいにやってあげた。

　私が弟子のころ、ジャニー（喜多川）さんとメリー（喜多川）さんと二人、家によく来てました。なんだかへんな外国人みたいな人たちが来ているけど、なにしに来てるのかなって。そしたらジャニーさんというのは、もともとGHQ関係で少年野球を日本でつくれという命令を受けて日本に来たらしいんです。それがもとでできたのが、野球やるのではなくて、ジャニーズというのが出て。……なんだかいろんな人が来てました。結婚のあいさつにきたのが、中村メイコちゃん。

高澤は、服部良一のもとにいた頃からアレンジの仕事で独立しはじめた。その状況を説明しだした。

昭和三一年（一九五六年）ぐらいから先生のところに行ってました。五年間ぐらいいました。そのあいだ、個人的な仕事では、菅原洋一は以前から直接ステージ用のを書いていたし、藤沢蘭子さんのいるオルケスタティピカ東京の専属になったり、ノジェバーナの専属になったこともありました。「タンゴバンドは高澤さんに書いてもらったことがあるけど、フルバンド用のはないから書いてくれ」とか、そんなことは先生のところにいる頃から時々やってました。

山田耕筰と楽劇協会

服部良一の弟子たち（もちろん歌手を含めて）の育て方に関して、高澤は興味深いことを話しはじめた。

服部先生は、レッスンは一生懸命やってくれるんだけど、古賀（政男）先生みたいに売り込みがあまりうまくないんですよ。

このような一面があった服部良一だが、確実に腕をあげていった高澤の独立を応援することになる。

服部先生が、私が独立するという挨拶状を連名で業界に出したんです。君は小川（寛興）や水谷（兄弟子）同様に仕事が出来る人だから、一緒に名前を並べて挨拶状、配るからがんばれ、ということで、それがだいたい昭和三五、六年（一九六〇、一年）頃です。

この服部良一との連名による業界向けの挨拶状が、山田耕筰の下で働くきっかけとなった。

挨拶状を出したら、山田先生から「ウチへ来い」と言われて、すぐにとられてしまいました。その頃、広告代理店の小規模なのをやってたけれど、スポンサーは大きいところで、三菱や新三菱重工、東京電力など。山田先生の勢いで獲得したスポンサーの仕事もある。三菱でスターライトミュージックという公開録音をイイノホールなどでやって、フルバンドと新室内楽協会のストリングスを使って、レギュラーは、東京キューバンボーイズとかシャープス&フラッツとかのどちらかで、それに弦が加わってというかたち。最初は越路（吹雪）さん、その次はペギー葉山が司会して何曜日かの夕方六時半から三〇分間、毎週やってました。そんなこともあって、クラシックのブレインならいっぱいいるけど、軽音楽関係は手薄だからおまえ来い、と言われて……広告代理店の業務なんか、そんなサラリーマンみたいな仕事はとてもできないと断ろうと思ったけれど。

高澤は、山田耕筰のいわゆる一本釣りによって新しい仕事場を得た。そして、今までとは勝手の違う広告代理店の仕事にも関わっていくことになる。それまでの仕事との違いについても、高澤は振り返って語る。

名刺の肩書が、株式会社日本楽劇社っていう社名だった。日本楽劇協会っていうのは一九二二年（大正一一年）に山田先生がつくったんです。その商業版みたいなものです。そういう商売には社団法人楽劇協会ではまずいので、株式会社として日本楽劇社。そういう広告代理店の業務は初体験でした。そのかわり先生の業務も著作権の管理などを、私がメインになってやりました。

山田先生の著作権や楽譜の面倒をみてました。校歌や社歌など、いろいろな仕事がありましたからね。先生が書いたのをちゃんと清書しました。たとえば安田火災の社歌などを作ると全部清書して、サインだけ先生がしてというふうに。いま、新宿の西口にある安田火災ビルの三十何階の、資料室に入ったすぐ右のところに社歌の譜面があります。それは私が浄書したものです。

服部先生のところの時のほうがお弟子さん的、ミュージシャン的、現場的でした。山田先生のところは、身分は株式会社日本楽劇社の名刺で、肩書は文芸部長だったんです。ふつう広告代理店には文芸部なんてあまりないでしょう。そこで、戦後はじめて月給もらいました。

山田耕筰の日本楽劇社へ勤めたことが縁で、高澤は山田耕筰の亡きあとも日本楽劇協会の仕事に関わっていくことになる。

山田先生のところに五年くらいいたわけですが、三、四年して先生の身体が弱ってきた。会社の経営が無理になってきたときに、そのころ出入りしていたＴＢＳのラジオ営業のＳ氏が、山田先生のやっていた広告代理店をそっくりそのまま引き継いで別会社をつくったんです。いま、日本楽劇協会の著作権は、その社団に帰属してるわけね。

山田先生がまだ生きてる頃に、私は山田先生のほうに残ってて、先生が亡くなったあと別会社ができてから三年か四年目にそこの会社に行きました。

その頃、借金があったから先生の著作権が入ってくるたびに借りてた銀行に手続きして、減らしていって、私がやめるまでにきれいに清算しました。楽劇協会は、事務局だけちゃんと設定しておけば、つぶれませんからね。広告代理店の社員でコマーシャルの仕事もしていたけれども、楽劇協会の事務局もやっていたんです。

テレビコマーシャルの制作へ

楽劇協会の事務局勤めと並行して、高澤は山田耕筰にゆかりのある会社を根城としてテレビコマーシャルの制作にも関わっていく。高澤がテレビのコマーシャル制作という裏方の仕事に関わっていくというのも、テレビの本放送の始まる前の試験放送時代に歌伴《うたばん》のバンドマンとして出演したことやアレンジャーとしてテレビに出演する歌手たちの楽曲をアレンジしたという経験も影響があったのかもしれない。一九六五年（昭和四〇年）頃の話である。

私もコマーシャルの仕事に興味があったので、広告代理店ならコマーシャルにかかわる仕事が出来ると思って。

その時はまだ社員が七、八人で、私が一〇人目か一一人目だったか。赤坂にあるＴＢＲビルの三階に、四軒分ぐらいの部屋でした。

当時、高澤が関わったテレビコマーシャルの制作について、こんなふうに振り返っている。

ハナマルキは、その広告代理店で開拓したお得意さんです。

ハナマルキ（のコマーシャル）をやったのは、ＴＢＲビルにいた頃。ちょうどビートルズが来日した時（一九六六年）、隣のヒルトンホテルに泊まって大騒ぎやっていたのを窓から見てました。この頃は会社のコマーシャルの仕事もけっこうありましたが、共栄社などの外部の制作会社からの依頼で、仕事が少しずつ気に入られてやっていた頃ですね。

コマーシャルソングを書くというほどのものでなければ、サンスターハミガキや、九州ではかなりのシェアをもっているマルタイラーメン、サマーランドのオープンの時など、色々かかわりました。サンスターは広告もやっていた関係で社歌も作りました。社歌の時は、いずみたくさんや越路さんのマネージャーの岩谷時子さんなども立ち会いました。

その頃、三菱のコマーシャルなどは、すごいプレイヤーを使いましたよ。はじめはコルト、新発売のときは南里文雄さんのバンドで。南里文雄さんのコンボ使って、スリーバブルスのコーラスなどでデキシー調に作りました。南里さんの目がだいぶ悪くなっていたので私が書いた楽譜を読めなくて、ピアニストが弾いたのを聴いて「ああ、デキシーだなあ」と言ってくださったのがうれしかったですね。そのあと、ナベサダ（渡辺貞夫）や猪俣猛のドラム、八城一夫のピアノなどを私がプロデュースしたこともあります。

オーシャンウイスキーもやりました。日本でウイスキーのコマーシャルにはじめて女性を起用したというジュン・アダムスや〝オー・モーレツ〟などがあの頃、話題になりました。

日本レンタカーができた時にもやりました。あの頃、フィルムは東北新社で、音楽はちまたのふつうの音楽制作のプロダクションは頼まないで、もちろん私が仕切ってました。会社の仕事としてやる分には、かなり利益率はよかったと思います。そのころは給料をもらっていたので、別にその利益を全部もらうわけではないのですが。そのかわり自分にきた仕事は、すぐに昼間に抜けてやってもかまわないという約束でやってました。

ハナマルキのコマーシャルソングは、最初ラジオスポットのコマーシャル用にリリオ・リズム・エアーズのリーダーの伊藤素道が作曲したもので、〝お味噌なら、ハナマルキ〟という比較的よく耳にするこの終わりのフレーズがラジオを通じて浸透していたので、テレビコマーシャルに切り替えるにあたって、終わりのフレーズをジングルとして使うように高澤が提案したもので、一五秒コマーシャルの前半の一〇秒ぐらいを作品の内容に合わせて高澤が作曲し、終わりの五秒で〝お味噌なら、ハナマルキ〟のメロディーに継ぐという作り方で一〇年近く担当していたと言う。

高澤は、テレビコマーシャルの制作に精力的に携わってきたが、制作だけにとどまらず自身もコマーシャルソングを作曲している。

　私が作ったコマーシャルでいまでも放映されているなかで、いちばん耳にするのは、亀田製菓の〝亀田のあられ、お煎餅〟ですね。私が広告代理店にいた時の仕事です。

この亀田製菓のコマーシャルソングは、我々が耳にする〝亀田のあられ、お煎餅〟というフレーズの部分だけを高澤が作曲したそうだ。コマーシャルは、放映されている時間は一五秒程度の短いものから三〇秒程度までがほとんどである。もちろん、コマーシャルソングとして作られた楽曲は、ジングルだけのものも多い。ジングルだけが先に作曲されていて、あとから他の人がその部分を入れて全体を仕上げるということもあったとのことだ。亀田製菓の社史には、「コマーシャルソング〈ふる

図7－9　團伊久磨（左）と高澤氏

さと篇〉」というタイトルで、あとから全曲を完成させた楽譜が掲載されており、坂田晃の作曲でクレジットがある。

一九九〇年代に入って、ビーイング系と呼ばれる歌手たちの楽曲が、サビの部分を最初に作ったり、一五秒という枠で作り、あとから切り貼りのように全体を仕上げていくという制作方法が話題になったりしたこともあったが、コマーシャルソングの作曲過程で、すでに行われていたことは興味深い。

このようなテレビコマーシャル制作の仕事に関わっていくうちに、高澤にまた新たな仕事をする契機が訪れる。

> 広告代理店に所属してたのは、一一年ぐらいでした。その後、分裂して別の広告代理店をつくったので、楽劇協会の理事長と一緒に私もそちらに行きました。そこから楽劇協会の事務局長という肩書で楽劇協会の事務局専任になったんです。

一九七二年（昭和四七年）、高澤が五〇歳の時のことである。社団法人日本楽劇協会理事・事務局長に就任後は、山田耕筰遺作のオペラ『香妃』の初演や山田耕筰生誕百年記念のオペラ『黒船』の上演に携わったり、團伊玖磨のオペラ『夕鶴』の東京公演とバンコク公演の制作プロデューサーを担当するなど活動の幅はますます広がった。そして、團伊玖磨の仕事を終えて日本楽劇協会を退職することになる。一九八七年（昭和六二年）、六五歳のことだった。

日本大学高等学校で後進の指導にあたる

高澤は、社会的には退職の年齢だったが、新たな仕事に挑戦する。それは、日本大学高等学校のブラスバンド部の指導である。

軍楽隊の先輩がたまたま音楽の先生の友達で、いま誰も面倒みるものがいないからやってくれということで。先輩の推薦で二、三年やればいいかなと思っていたら、もう十年近くになるんです。四六回の定期公演（一九九一年）からだから、今年（二〇〇一年）で一〇年目です。

日本大学高校でのブラスバンド部の指導の話がきた時のことを高澤は振り返る。

自分ではまだやったことないけど、仲間はみんなそういう仕事をしている人がいっぱいいたので、やり方はわかってたわけです。ＪＢＡ（社団法人日本吹奏楽指導者協会）に入ったのもその頃です。

図7－10　日本大学高校のブラスバンド部を指導する高澤氏

ところが、実際に指導してみると、高澤の想像を超えたことが待っていた。

なんだか孫みたいな連中の相手するんだからそれなりに大変でした。いちばん苦痛だったのが、音が合わないので耳が一カ月ぐらいおかしかったこと。今までプロ相手のスタジオばかりでやってたでしょ。別にチューニングするわけじゃないし、ボーッてやりゃあボーと音が出て、パーッて録音しちゃったわけで、そんなのばかりやってたわけだから。今はマヒしてきたから少々悪くても我慢できるけど、これでも音楽かって、やはり当時はかなりショックでした。今ではこんなものだと思うようになりましたが。でも、三年ぐらいたつと、音がだいぶ合うようになったんです。私の努力も多少実ったということです。

長年に亘ってプロとして、またプロを相手に仕事をしてきた高澤だったから仕方がないことだろう。だが、一〇年ほど指導にあたっていると思い入れも出てくるものである。

やはり、メンバーは卒業していくわけで、毎年代わっていく。このあいだまで小学校に行ってた子どもが、中学校卒業して高校生になって、高二になると幹部になってくる。すると、人並みに棒振ってくる生徒も出てくるわけだし、能書き言うのも出てくるしね。へたくそでもやはり吹奏楽部としての、その学校の部としての愛着っていうのが出てくるし情も生まれる。

指導している高校生たちと高澤が軍楽隊に入った歳が近いことから、その頃の思い出を尋ねてみると、即座に話しはじめた。

（軍楽隊の頃を思い出すことは）ありますよ。だから当時の話は、自分が入った頃はこういう曲がウケたとか、当時はこうだったけどもいまはこうはいかない。こういうことやると俺みたいにしぶとくこの業界に居残れる、と。なかなか足を洗っても手は洗えないなどと言っては生徒にウケたりして。

音楽人生を振り返ってみて

戦前に陸軍軍楽隊の隊員として音楽活動をはじめ、戦後もジャズプレイヤーへの転向、アレンジャー、広告代理店社員としてテレビコマーシャルの制作、日本楽劇協会での仕事を経て、後進の指導にあたった高澤だが、音楽から片時も離れたことはなかった。

高澤は過ごしてきた人生を振り返って、言葉を紡ぎだした。

考えてみると、軍楽隊の時の、前列のメロディーのフルート、オーボエ、クラリネットを外すと、フルバンドと同じなんです、音的にも。戦争中やってたことのつながりが、まだ続いているというのが私の考えなんです。

あとで考えてみると、他の人にはなかなか経験できないことにぶつかってきたなっていうのがありますね。ふつうのバンドだけやって、楽器が鳴らなくなって引退したわけじゃないから。のらりくらりと。

問われるままにね、昔の思い出を手探りしながらしゃべってきた自分の生き様には、恥ずかしさはあれ、胸を張っていばれるほどのことでもありませんけれども、先人が切り開いてきた音楽の軌道を蛇行しながら、あっちの甘い水、こっちのうまそうなエサに引かれて勝手気ままに歩いてきたような気もします。

どのような環境にいてもいつも一貫して心のなかにあったもの、そして身体にたくわえられていたエネルギーの源流は、やはり多感な青春時代にたたき込まれた音楽にたいする精神と鍛えられた肉体を得た陸軍戸山学校軍学生徒時代が大きく作用している、と自分では思っていますね。それに加えて恩師である山田耕筰先生、服部良一先生という二大巨匠のかたわらで仕事をする機会に恵まれたという贅沢な音楽環境は自分以外にはいないと思っています。お二人の先生の芸術性は当然のことながら、人間性の偉大さを痛感しています。

おそらく私にとって最後の音楽活動となるであろう吹奏楽の指導を通じて、これからの若い人たちにわが国の洋楽の創成期から今日にいたる先人の努力と情熱をわずかでも伝え残す使命があると考えています。偶然にも自分自身の原点に立ち戻った仕事で幕を閉じることが出来ることを無上の喜びと感じています。

おわりに

戦後を職業音楽家として駆け抜けてきた高澤の口から発せられた言葉は、遠い昔の出来事ではなく、つい先日の出来事であったかのように、いきいきとしていた。結果的に幅広い仕事を経験した高澤だが、音楽に一貫して携わっていたことは高澤にとっても至福の時を過ごせたことだろう。

高澤のライフヒストリーは、けっしてスターではなかったが、戦後日本のポピュラー文化を発信する側に身をおいた一人の個人史を超えた普遍的なものとなり得るものだろう。我々が享受してきたポピュラー文化の作り手側の一端を垣間見ることも出来た。現在ではあまり耳にしなくなったような言葉もあった。それらをたんなる時代の流れとして受け流してしまうことなく、立ち止まって考えてみるきっかけになってくれることを切に願う。

注

序章

（1）歌謡曲という語は、ＮＨＫがラジオ放送するときに、流行小唄などと呼ばれていた名称を使うことを不適当と考え、放送にふさわしい語をということで作った造語であり、考案者は新民謡の作家である町田佳聲だと言われている。いずれにしてもこの語のさし示す概念はその後も曖昧に使われてしまったため、歌謡曲の定義をすることは難しい。

（2）この論文で、増田聡は音楽学者総体の関心や観点、標準的な立場を反映したものと考えられる *The New Grove Dictionary of Music and Musicians*（1980）（＝『ニューグローブ世界音楽大事典』、（1993-1995））の「音楽学」の定義に関する記述を中心に、音楽学がどのように研究対象の領域や方法論を拡大してきたのかを丹念に検討し、ポピュラー音楽研究との関係性について精査する。この点において、今後のポピュラー音楽研究の理論と方法を考える上で有益な示唆を与えてくれる。

（3）ポピュラー音楽研究（Popular Music Studies）は、一九八一年の国際ポピュラー音楽学会（The International Association for the Study of Popular Music）、通称ＩＡＳＰＭの設立以降にイギリスを中心に発展してきた。文学、音楽学、社会学、文化人類学、文化研究などにおける新しい理論や方法を取り込み、学際的な視点からの研究が特徴である。サイモン・フリス（Simon Frith）による *Sound Effects*（1981）、サラ・コーエン（Sara Cohen）による *Rock Culture in Liverpool*（1991）やキース・ニーガス（Keith Negus）による *Producing Pop*（1992）は、ポピュラー音楽研究の初期を代表する研究である。なお、国際学術誌の *Popular Music*（Cambridge University）が刊行されているだけではなく、研究成果が多くの書籍として出版されてもいる。初期の研究動向を知るには一九九〇年代半ば以降に刊行された文献総覧（Gatten

1995, Shepherd 1997, 三井 2003）を参照されたい。

日本では、IASPMの日本支部とは別に日本ポピュラー音楽学会（The Japanese Association for the Study of Popular Music）、通称JASPMが一九九〇年に設立された。初期の代表的研究成果は、細川周平『レコードの美学』（一九九〇年）があり、二一世紀に入ってから研究成果をまとめた論文集、東谷護（編著）『ポピュラー音楽へのまなざし――売る・読む・楽しむ』（二〇〇三年）が刊行され、その後も刺激的な研究成果が書籍としても世に問われている。なお、日本のポピュラー音楽研究を概観するには三井徹が海外むけの論文集の巻頭論文にまとめたもの（Mitsui 2014: 13-20）を参照されたい。

（4）現に、《ルパン三世のテーマ》を作曲したのは、ジャズピアニスト、作曲、編曲家の大野雄二である。

（5）ここで指摘した、分析の研究的視座について問題があるものの多くが、大衆文化と呼ばれていた頃のものであるため、それにあわせてここでは大衆文化と記述した。

（6）他の時代のように「もった」という過去形ではなく、現在進行形でメディア環境が変化しているため、「マルチ・メディアが威力をもつ時代」については「もつ」という現在形とした。

（7）米軍基地という「（米国以外の国にあるにもかかわらず）アメリカ」のなかにある米軍クラブに着目することは、一瞥しただけでは、米軍基地は地政学やポストコロニアル研究の文脈で扱う研究テーマだと思われてしまうだろうが、米軍基地が設置された各国、各地域のポピュラー音楽に米軍基地が影響を与えたという点を鑑みれば、ポピュラー音楽の学術的研究にとって重要な研究対象といえる。先行研究として、占領期日本での米軍基地内の音楽実践については東谷（2005a, 2005b）の著作が詳しい。また、韓国の米8軍舞台についてはシン（신 2005）（シン 2012）の著作が詳しく、一九八〇年代のウイーンにおける米軍基地の音楽面での影響についてはGoertzen（1988）が詳しい。

（8）「地球劇場～100年後の君に聴かせたい歌～第3回」（BS日テレ、二〇一四年六月七日（土）放映）

（9）「Fm yokohama 30th Anniversary　いきものがかり・水野良樹 SATURDAY NIGHT J-POP」（FMヨコハマ、二〇一五年一〇月一七日（土）放送）

第1章

（1）イントロだけを取り上げて、イントロを当てるクイズ番組が成立していたことは好例と言えよう。
（2）筆者は、歌詞研究にはそれなりの意義があると考えている。ただし、先行研究にはあまりに不備があるという考えを持っている。
（3）演奏された音楽そのものを、ポピュラー音楽研究が対象とする第一次テクスト（Primary Text）であるとする見解。ミドルトン（Middleton 1990: 106）を参照されたい。
（4）歌詞の表記は、添田（1982: 287-288）に基づいている。
（5）かつては、よく使われた句ではあったが、筆者は必ずしもそうではない、と考えている。東谷（2005d）を参照されたい。
（6）歌詞の表記は、映画版の冒頭に東京のモンタージュとあわせて映し出されたものに基づいている。
（7）楽曲は、日本のものではないが、日本で流行っていたことと、説明をするのに好例だったため、あえて用いた。
（8）ＮＨＫ衛星第二放送で一九九四年一月一〇日（月）に放映された。なお著作権は、［©ＮＨＫクリエイティブとヤマハ音楽振興会］である。
（9）本章の初出は第三五回表現学会全国大会のシンポジウム「《はやりうた》の表現」（一九九八年六月七日（日）、於：大妻女子大学千代田キャンパス）において筆者がパネリストとして発表したものであるが、シンポジウム当日、フロアーから、「中島みゆきは、流行歌手ではない」という意見が出た。この意見は、熱狂的なファンなどの意見に通じるものがある。すなわち、対象に対して、熱が入る余り、客観性に欠けてしまうということである。ここで主なヒット曲として明示した《時代》、《麦の唄》と事例分析した《ローリング》以外のすべての楽曲はオリコンチャートで1位を獲得している。このように売り上げ面からみても、フロアーから出た意見に妥当性がないことは明らかである。おそらく、このような意見が出る背景には、中島みゆきが、ラジオでのＤＪをはじめとした音楽活動以外の側面を含んでの熱狂的なファンの存在が念頭にあったからであろう。

これらは、ポピュラー音楽を考察する際には、テクスト以外にも歌手の個性に関わる部分も見逃せないということを示唆してくれるものである。

(10) 制作者サイドへの調査は、次の方に以下の日時に行った。ヒアリング対象者として菅義夫氏（ヤマハ音楽振興会中島みゆきルーム）に一九九八年三月三一日（火）（電話でのヒアリング）と一九九八年五月二六日（火）（電話でのヒアリングと文書での質問に対する返答）に行った。また、二回目の内容に関しては、後日、文書でも返答していただいた。

(11) 表１‐６は、分析テクストの音源が収録されているＣＤ「時代― Time goes around」（一九九三年）の歌詞カードに記されている歌詞のうち1番と2番を転記した。なお初出時（一九八八年）の歌詞カードには１番と2番とわかるように「１」「２」は記されていない。

(12) カラオケの映像は、歌詞をテロップにして流しているが、これは第一次テクストの補強に過ぎず、本編で取り上げた事例と、同一とみなすことは出来ない。

第２章

(１) 流行歌の歌詞を集めてそれを掲載した本のこと。もちろん、著作権協会に届け出を出しているが、二次的資料であることには変わりがない。

(２) 社会心理学の側面から歌詞のモチーフの分析を行った見田宗介（見田 1967）と計量国語学の視点から歌詞の語彙研究を行った中野洋（中野 1982: 257-307）をはじめとした先行研究では、「歌本」という類に掲載されている歌詞に対して適切な批判もなく、分析対象として取り上げている。また、これらの先行研究の問題点を乗り越えるどころか、資料批判の眼を欠きすぎている論考が現在でも散見する。

(３) 欧米における歌詞研究について先行研究の整理と日本の大衆文化研究から歌詞研究への取り組みの紹介については、北川（北川 1979）が詳しい。だが、この論文は国語国文学の視点は全くなく、日本語の歌詞研究という立場からは大いに疑問が残る。

(４) 記譜（五線譜）中心主義への批判はミドルトン（Middleton 1990: 104-106）が詳しい。ポピュラー音楽における第一次テクストの考えも、記譜中心主義への疑問から起きてきたものだと言えよう。第1章の注(3)も参照されたい。

(5) 二〇一三年一月に、作詞家の秋元康に抜かれた。なお、この時点での歴代作詞家のシングル曲の総売り上げ枚数の上位3名は、秋元康（六八五九・一万枚）、阿久悠（六八三一・九万枚）、松本隆（四九八三・八万枚）である。ORICON STYLE（ホームページ）二〇一三年一月二八日（木）午前四時配信記事（http://www.oricon.co.jp/news/2022134/full/）参照（最終アクセス日：二〇一五年一一月二日（月））。

(6) 講演会「伊藤強の昭和史、1997.7.15ゲスト阿久悠」（一九九七年七月一五日（火）、於R'sアートコート・新大久保）による。

第3章

(1) 本章のみ、節に漢数字を用いるのは、文学的アプローチをしているため、意図的に他の章と統一をしていない。

(2) 阿久悠氏へのインタビューは、以下の日時に行われた。
　一九九九年一〇月一五日（金）オフィス・トゥー・ワン（東京都・六本木）〈録音CD－Rは筆者所蔵〉

(3) 「阿久悠を送る会」（二〇〇七年九月一〇日（月）、於ホテルニューオータニ）にて参列者に、阿久が生前所属した事務所オフィス・トゥー・ワンが制作・編集した記念誌『You』（私家版、二〇〇七年）に、阿久悠が最後につけた日記を写真で掲載しているものを参照（オフィス・トゥー・ワン 2007: 40-41）。

第4章

(1) 歌謡曲を学術的に定義することが難しい理由については序章の注(1)を参照されたい。

(2) ビデオリサーチによれば、「サザエさん」の視聴率は一五パーセント前後の安定したものである。もちろん、週によっては高視聴率をとることもある。ここでは、数字よりも長年に亘って視聴率が安定しているという点に注目すべきである。

(3) レコードとして発売された「サザエさん」の主題歌は、歌詞が四番まであり、ブラスを前面に押し出したイントロもある。テレビで放映されているのは、歌詞が一番と三番で、イントロの最後のドラムから始まっている。本稿では、四五年あまり放映されているという点に着目しているため、考察対象としたサザエさんの主題歌《サザエさん》は、レコードとして発売されたものではなく、テレビで放映されているほうを第一次テクストとする。

（4）ちなみに、「サザエさん」のテクストそのものを読み込むというよりも、「サザエさん」というテクストを媒介にした論がいくつか展開されている（たとえば、山口 2001）。これらは、「サザエさん」という番組、すなわちテクストに対して、テクストの受け手が自分の思いを書き込んだものへの言及である。つまり、テクストそのものに対して分析を試みたというよりは、むしろ、受け手によってテクストの読み方がどのように有り得るかという問題である。本章で「サザエさん」を取り上げたのは、そのような一次資料であるテクストの読まれ方という問題をメタレベルにあげるのではなく、テクストそのものに対して分析を試みるべきではないか、という立場を主張する意味も包含している。

（5）筒美京平「ＨＩＳＴＯＲＹ」（CD集、Sony Music Entertainment（Japan）Inc. 1997年）ブックレットの「シングル・チャートと筒美京平」より。

（6）「第29回ＮＨＫ紅白歌合戦」ＮＨＫ、一九七八年より。

（7）「第29回ＮＨＫ紅白歌合戦」ＮＨＫ、一九七八年より。

（8）「第34回ＮＨＫ紅白歌合戦」ＮＨＫ、一九八三年より。

（9）「第34回ＮＨＫ紅白歌合戦」ＮＨＫ、一九八三年より。

（10）「第34回ＮＨＫ紅白歌合戦」ＮＨＫ、一九八三年より。

第5章

（1）第1節では日本の進駐軍クラブについて検討を加えるため、これまでに世に問われた東谷（2005b）を中心とした筆者の既出論考と重なることを断っておきたい。

（2）インタビューは、以下の日時に行った。インタビューに際しては、インタビューに協力してくださった方々が高齢者ゆえに記憶違いの生じる可能性もあることを念頭に、同じ質問を繰り返して確認する作業をしたり、日本との比較を検証するために日本の米軍クラブ関連の写真を見てもらいながら質問したり、等の工夫を施した。話をしてくださった方々はどの方も程度の差はあるものの日本語を聞き取ることが出来たため、意思の疎通が難しいことはなかった。なお、通訳は韓国語新聞の記者経験のある金淑子氏とソウル大学卒業後東京大学大学院に在籍中だった南慈英氏で、インタビュー時は両名が同席した。以下のインタビュイー（敬称略）の掲載順番は、本文で登場する順である。すべての録音CD‐Rは筆者所蔵。

1. キム・フィガプ（김희갑、一九三六年生まれ、ギタリスト）［二〇〇八年三月八日（土）、ソウルルネサンスホテルビジネスセンター会議室（韓国・ソウル）］
2. キム・ヨンハ（김영하、一九三〇年生まれ、米8軍クラブマネージャー）［二〇〇八年一一月九日（日）、二〇〇九年三月一五日（日）、両日ともに、ロッテホテルソウルビジネスセンター会議室（韓国・ソウル）］
3. ソン・ソグ（손석우、一九二〇年生まれ、作曲家）［二〇〇八年三月七日（金）、ロッテホテルソウルビジネスセンター会議室（韓国・ソウル）］
4. シン・ジュンヒョン（신중현、一九三八年生まれ、ギタリスト）［二〇〇九年三月一三日（金）、自宅・ウッドストックスタジオ（韓国・ソウル）］
5. キム・インベ（김인배、一九三二年生まれ、元KBS楽団長・作曲家）［二〇〇八年九月一七日（土）、ロッテホテルソウルビジネスセンター会議室（韓国・ソウル）］
6. チェ・ヒジュン（최희준、一九三六年生まれ、歌手）［二〇〇八年五月一九日（月）、青年会館・コーヒーショップ（韓国・ソウル）］
7. イ・ペクチョン（이백천、一九三三年生まれ、TVプロデューサー）［二〇〇八年五月一六日（金）、一山某カフェ（韓国・ソウル）］

（3）クラブで披露された多種多様な芸能のなかから、女子プロレスが誕生する。このいきさつについては、東谷（2005c）に詳しい。
（4）日本の「拾い」については、東谷（2005a, 2005b, 2007）に詳しい。
（5）アメリカからの慰問は、USO（United Service Organizations）と称される、米国連邦議会に認可された非営利団体によって行われている。設立は一九四一年である。現在、世界中に一六〇ほどの拠点を持ち、米軍人とその家族に福利厚生を提供するとともに、当該地域の一般市民との友好関係強化に努めている。日本、韓国などの太平洋地域に一八の拠点を有している。USO公式ページ（http://www.uso.org/）を参照（最終アクセス日：二〇一五年一二月三日）。

第6章

（1）ソン・ソグ（손석우）氏には、以下の日時に話をうかがった。
1．二〇〇八年三月七日（金）ロッテホテルソウルビジネスセンター会議室（韓国・ソウル）〈録音CD－Rは筆者所蔵〉
2．二〇〇八年五月八日（木）付け、電子メールによる筆者の質問に対する回答。
3．二〇〇八年五月二一日（水）付け、電子メールによる筆者の質問に対する回答。

（2）記述については、ソン・ソグ氏にインタビューを行った際に、韓国文化芸術委員会（The Oral History of Korean Arts）のホームページ（http://oralhistory.arko.or.kr/oral/archive/ARTIST）（最終アクセス日：二〇〇八年三月六日）で公開されているソン・ソグ氏の略歴についてもソン・ソグ氏本人に確認をとった。ここでは、確認後の略歴を記述した。

（3）チェ・フィジュン氏には、二〇〇八年五月一九日（月）に話をうかがったが、韓国内の米8軍舞台に出演したただけでなく、沖縄の米軍クラブに一ヶ月強、出演した経験があるとのことであった。米8軍舞台から韓国国内での歌手活動に重きを移してからは、日本のフランク永井と共演したこともあると語った。チェ・フィジュン氏にソン・ソグ氏について質問をすると、終始、大変お世話になり、ソン先生あっての自分がいるということを話されていたのが非常に印象的であった。

なお、インタビューデータは以下の通りである。

二〇〇八年五月一九日（月）「青年会館コーヒーショップ」（韓国・ソウル）〈録音CD—Rは筆者所蔵〉

（4）日本の状況については、東谷護『進駐軍クラブから歌謡曲へ——戦後日本ポピュラー音楽の黎明期』（二〇〇五年）が詳しい。日韓の比較については本書第5章を参照されたい。

第7章

（1）高澤智昌氏へのインタビューは、以下の日時に行われた。なお、本章は、高澤氏に語っていただいたものを著者が再構成するかたちをとっているが、草稿の段階で高澤氏自身もチェックしている。ただし、文章に関する責任は筆者に帰する。なお録音テープは筆者所蔵。

1．二〇〇〇年一〇月六日（金）早稲田大学大隈会館（東京都・早稲田）
2．二〇〇〇年一〇月二〇日（金）ホテルメッツ溝の口・チャイナ桂林（神奈川県・溝の口）
3．二〇〇〇年一一月一八日（土）淑徳大学みずほ台キャンパス（埼玉県・三芳町）
4．二〇〇一年六月八日（金）ホテルメッツ溝の口・チャイナ桂林
5．二〇〇一年九月七日（金）ホテルメッツ溝の口・チャイナ桂林

（2）Vディスク盤とは、Victory-Discsの略といわれる、米軍兵用の慰問レコードのことである。この歴史とディスコグラフィーについては、Richard S. Sears, V-Discs: A History and Discography, New York: Greenwood Press,1980. が詳しい。

あとがき

ポピュラー音楽は研究対象としてふさわしくない、あるいはこういう理由があるからこそポピュラー音楽を研究対象とするのだ、という研究以前の〝お膳立て〟は、この数年、ポピュラー音楽をめぐる研究には必要なくなりつつあるのを実感している。これはポピュラー音楽を研究対象としてきた者にとっては、大変、嬉しいことである。

現に、二〇一〇年より通年の専門科目「ポピュラー音楽研究」が東京芸術大学音楽学部に新設され、私は開講初年度より担当させていただいている。これまで音楽環境創造科、楽理科といった理論系の学部生、大学院生、他にピアノ科に在籍しているプロの演奏家として活躍している学生も受講してくれた。ポピュラー音楽に興味のない学生もいることから、ポピュラー音楽を学術的に研究するとはどのようなことであるのか、という極めて初歩的なことから講義はスタートする。

気がつけば、日本でポピュラー音楽を扱った学術書籍はこの一〇年余りで、それまでと比べたら格段に増えたものの、ポピュラー音楽の研究方法について正面から考えた書籍は日本語で書かれたものにはほとんどなかった。こうした現状も踏まえ、本書では、ポピュラー音楽の学術的研究の方法を考える一助となることをも目指した。また、ひとことでポピュラー音楽といっても、「いつ」、「どこ」のポピュラー音楽であるのかを明確にするために、本書が考察対象とするのは、戦後日本の歌謡曲を起点としたものと定めた。テレビという語で括らず、序章でも言及したが、ポピュラー音楽の研究にとって、メディエーションへの着目が重要である点も鑑み、本書のタイトルに「マス・メディア時代」という文字を並べることとした。

ここで、各章の基となった論文の初出を以下に記しておく。なお、いずれも大幅な加筆修正を施している。

序　章　書き下ろし
第1章　「大衆音楽における表現の広がり――中島みゆきの映像分析を通して」『表現研究』68号（表現学会、一九九八年）。
第2章　「新たなる歌詞研究へむけて――阿久悠の歌詞分析を通して」『表現研究』67号（表現学会、一九九八年）。
第3章　「阿久悠にみる原風景としての父」篠田正浩・齋藤愼爾（責任編集）『阿久悠のいた時代――戦後日本歌謡曲史』（柏書房、二〇〇七年）。
第4章　「歌謡曲を支えたブラスバンド」阿部勘一、細川周平、塚原康子、東谷護、高澤智昌『ブラスバンドの社会史――軍楽隊から歌伴へ』（青弓社、二〇〇一年）。

第5章 「ポピュラー音楽にみる「アメリカ」――日韓の米軍クラブにおける音楽実践の比較から考える――」『グローカル研究』1号（成城大学研究機構グローカル研究センター、二〇一四年）。
第6章 「韓国「米8軍舞台」形成初期にみるKPKの特異性」『成城文藝』204号（成城大学文芸学部、二〇〇八年）。
第7章 「バンドマン・高澤智昌のライフヒストリー〈戦後編〉」『ブラスバンドの社会史――軍楽隊から歌伴へ』（青弓社、二〇〇一年）。

初出の発表年をみていただければわかるように、一番古いものが発表されてからと、本書のために書き下ろした序章との間には一七年という月日が数えられる。実は、私が大学院の修士課程に入学したのが一九九一年なので、私の研究生活もすでに四半世紀が過ぎてしまったことになる。当然、世の中も大きく変わったが、ポピュラー音楽を取り囲む環境も激変した。本書で扱ったポピュラー音楽のすべてが「過去のもの」となってしまったが、本書が力点をおいた作り手側への着目は現在のポピュラー音楽を研究対象としても十分に意義のあるものと考える。

今回も多くの方々にお世話になりました。本書を書き進めていく上で、多大なアドバイスをくださった大山昌彦さん（東京工科大学准教授）には感謝の念に堪えません。大山さんとは研究仲間として二〇年ほど親交があるのですが、私がこれまで進めてきた研究の根幹に「作り手の思いを大切にしている」ことと、「作り手への聞き書きを重視した方法」によって実証的な論文を書いてきた、その筆者としての意図（こころ）を前面にそろそろ押し出すべきだと後押ししてくださったことは本書を執筆している時に大変、勇気づけられました。というのも、私の研究を長年に亘って見守ってきてくださっているからこそ、口について出たものだからなのです。読み手がここまで私の世に問うた文章を読み込んでくれていることは、書き手にとってこれに勝る喜びはありません。

また、入稿後の校閲を丁寧にしてくださった、小河原あやさん（成城大学講師）、葛西周さん（東京芸術大学講師）、旧友の安川修さんに御礼申し上げます。さらに、今回の出版に際して、ご尽力くださった勁草書房編集部の橋本晶子さんには、いつもの我が儘を受け入れてくださったこと、感謝の言葉もありません。振り返れば、橋本さんに編集をお願いするのは、拙編著『ポピュラー音楽へのまなざし』（二〇〇三年）から数えて、本書で四冊目となります。私が本書の完成を目指して執筆に集中することが出来た反面、橋本さんにはあれやこれやとご迷惑をおかけしてしまったことでしょう。

そして、改めてこの場を借りて御礼申し上げたい方々に、インタビューに快く応じてくださった皆様、なかには本書をご覧に入れることが叶わぬことになってしまった方も残念ながらおります。ありがとうございました。お一人お一人の顔が浮かんできます。具体的なお名前は、本文と注で詳細に記しましたので、ここでは名前を省略させていただく無礼をお許しください。

他にも、各章の基となった論文を執筆している、その折々にお世話になった皆様にも御礼申し上げます。紙幅の関係でお名前をお一人しかあげることが出来ないこと、誠に申し訳ありません。そのおひとかたとは、第1章と第2章の基となった言語系、なかでも日本語学、英語学の研究者が集う表現学会への入会を強く勧めてくださった石黒圭さん（国立国語研究所教授）です。当時の私は初めての査読論文が採択されてから数年たち、研究の方向性で少し迷っていました。インタビュー調査を基にした研究を進めていましたが、査読論文を増やさなければいけない焦りがその背景にあったのも事実です。そんな時に石黒さんから、表現学会の学会誌への投稿を勧められたのです。運良く、私は学部では日本文学を専攻し、修士でも日本語学を学んだ環境にいたため、藁にもすがる思いで、ポピュラー音楽と関わる歌詞をめぐる論文を投稿しました。この査読論文は喜ばしいことに好評価をいただき、表現学会のシンポジウム登壇へと繋がりました。その後、これら一連の研究を推し進めることを私は断念しましたが、それでも現在の研究に役立っていることは言うまでもありません。お恥ずかしい限りですが、推し進めることが出来なかったのは、この方面での自分の能力のなさを思い知らされ、挫折したからです。

さて、思い出話が過ぎてしまったようなので、最後に今後の研究成果の発表予定の一つを覚え書き風に記して本書の執筆を終えたいと思います。

本書で扱った「作り手」の共通点は「プロ」である。しかしながら「アマチュア」にも「作り手」はいる。この「アマチュア」が主体となった点に着目して論じたものに、拙論「ポピュラー音楽にみる「プロ主体」と「アマチュア主体」の差異――全日本フォークジャンボリーを事例として」、東谷護（編著）『ポピュラー音楽から問う――日本文化再考』（二〇一四年）があるが、この「アマチュア主体」に関わる研究を筆者は、この八年ほど進めている。

この研究成果を世に問う準備を目下しているところです。研究生活もようやく折り返し地点が見えてきました。まだまだ学問に精進しなければなりません。今後の私の研究成果をご期待いただければ望外の喜びです。

雪が降り出した深夜に研究室で暖をとりながら（一月一八日未明）

東谷　護

写真，図の提供者・出典

キム・ヨンハ　図 5-5，図 5-9

高澤智昌　図 7-1，図 7-3 ～ 7-10

富山実　図 5-1

筆者所蔵　図 5-2 ～ 5-3，図 5-6 ～ 5-8，図 6-1

『横浜の空襲と戦災 5』（横浜の空襲を記録する会，1977 年）　図 5-4

World War II V-Discs（http://98.130.146.204/v_discs/v_discs.html）
［最終アクセス日：2015 年 12 月 3 日］　図 7-2

事 項 索 引

あ 行

か 行

さ 行

た 行

な 行

楽曲名索引

あ 行

か 行

さ 行

た 行

な 行

は 行

人名・グループ名・楽団名索引

や　行

ら　行

わ　行

テレビ番組名，書籍名索引

参考文献

青木深

2013 『めぐりあうものたちの群像：戦後日本の米軍基地と音楽 1945-1958』大月書店.

阿久悠

1979 『瀬戸内少年野球団』文藝春秋.

1993 『夢を食った男たち』毎日新聞社.

1997 『書き下ろし歌謡曲』岩波新書.

1999a『歌謡曲って何だろう』（ＮＨＫ人間講座テキスト 1999　7-9 月期）日本放送出版協会.

1999b『愛すべき名歌たち——私的歌謡曲史——』岩波新書.

2003a『昭和おもちゃ箱』産経新聞ニュースサービス.

2003b『ただ時の過ぎゆかぬように：僕のニュース詩』岩波書店.

2003c『日記力『日記』を書く生活のすすめ』講談社＋α新書.

阿久悠・和田誠

1985 『A 面 B 面：作詞・レコード・日本人』文藝春秋.

阿部勘一・細川周平・塚原康子・東谷護・高澤智昌

2001 『ブラスバンドの社会史：軍楽隊から歌伴へ』青弓社.

石川弘義

1981 『欲望の戦後史——社会心理学からのアプローチ』太平出版社.

井手口彰典

2009 『ネットワーク・ミュージッキング：「参照の時代」の音楽文化』勁草書房.

伊藤強

1984 『それはリンゴの唄から始まった：戦後世代の芸能史』駸々堂

出版.
岩間夏樹
1995 『戦後若者文化の光芒』日本経済新聞社.
鵜飼正樹・永井良和・藤本憲一（編）
2000 『戦後日本の大衆文化』昭和堂.
内田晃一
1995 「ゲイ・カンパニー物語」『Jazz World』6：2，ジャズワールド.
1997 「米軍ショーに登場したショー・アーティスト」『Jazz World』6：2，ジャズワールド.
NHK サービスセンター（編）
2000 『紅白 50 回〜栄光と感動の全記録〜』NHK サービスセンター.
大森盛太郎
1987 『日本の洋楽 2』新門出版社.
大山昌彦
2008 「ポピュラー音楽の体験と場所」東谷護（編著）『拡散する音楽文化をどうとらえるか』：235-238，勁草書房.
オフィス・トゥー・ワン（編）
2007 『You』（私家版）オフィス・トゥー・ワン.
北川純子
1979 「ポピュラー音楽研究の課題——音楽社会学的検討」現代社会学会議（編）『現代社会学』6 巻 2 号：183-204，講談社.
北中正和
1995 『にほんのうた：戦後歌謡曲史』新潮文庫.
久万田晋
2013 「日本復帰前の沖縄におけるジャズ音楽家の活動」東谷護（編）『日本のポピュラー音楽をどうとらえるか 2——ローカルからグローバルへの逆照射——』（2012 年度シンポジウム報告書）：67-79，成城大学研究機構グローカル研究センター.

小泉恭子
2013『メモリースケープ：「あの頃」を呼び起こす音楽』みすず書房.
古茂田信男・島田芳文・矢沢寛・横沢千秋
1994『新版　日本流行歌史　上』社会思想社.
1995『新版　日本流行歌史　中』社会思想社.
1995『新版　日本流行歌史　下』社会思想社.
シン・ヒョンジュン
2012「家庭という領土の内と外で鳴るサウンド・オブ・ミュージック——冷戦期韓国におけるメディア化された音楽の空間性」三澤真美恵・川島真・佐藤卓己（編著）『電波・電影・電視：現代東アジアの連鎖するメディア』：309-334，青弓社.
占領軍調達史編さん委員会事務局（編著）
1957『占領軍調達史，部門編——芸能・需品・管財——』調達庁.
添田知道
1982『演歌の明治大正史』刀水書房.
高橋一郎・佐々木守（編著）
1997『ジャズ旋風：戦後草創期伝説』三一書房.
東谷護
1995『日本におけるフォークソングの展開——社会史的側面より』（JASPM ワーキング・ペーパー：3）日本ポピュラー音楽学会.
2001「歌謡曲を支えたブラスバンド」阿部勘一・細川周平・塚原康子・東谷護・高澤智昌『ブラスバンドの社会史：軍楽隊から歌伴へ』：125-149，青弓社.
2003「いつもみていたアメリカ」東谷護（編著）『ポピュラー音楽へのまなざし：売る・読む・楽しむ』：206-229，勁草書房.
2005a「新たなるポピュラー音楽文化の創出——占領期日本の進駐軍クラブにおける「アメリカ」との対峙」（京都大学博士学位論文）
2005b『進駐軍クラブから歌謡曲へ：戦後日本ポピュラー音楽の黎明

期』みすず書房.
2005c「女子プロレス興行にみる音楽の使われ方」小田亮, 亀井好恵（編著）『プロレスファンという装置』: 77-94, 青弓社.
2005d「戦後日本ポピュラー音楽史の構築へ向けて――真正性とメディアを手がかりとして」三井徹（監修）『ポピュラー音楽とアカデミズム』音楽之友社.
2007「占領期にみる戦後日本のジャズ文化」『ユリイカ』39巻2号: 156-164, 青土社.
2008「グローバル化にみるポピュラー音楽」東谷護（編著）『拡散する音楽文化をどうとらえるか』: 109-130, 勁草書房.
東谷護（編著）
2003『ポピュラー音楽へのまなざし：売る・読む・楽しむ』勁草書房.
2008『拡散する音楽文化をどうとらえるか』勁草書房.
2014『ポピュラー音楽から問う：日本文化再考』せりか書房.
中島みゆき
1998『中島みゆき全歌集 II：1987～1998』朝日新聞社.
中野洋
1982「流行歌の語彙」佐藤喜代治（編）『現代の語彙』（講座日本語の語彙）7: 257-307, 明治書院.
難波功士（編）
2014『米軍基地文化』新曜社.
細川周平
1990『レコードの美学』勁草書房.
1998「近代日本音楽史・見取り図」『現代詩手帖』5：24-34, 思潮社.
2001「世界のブラスバンド、ブラスバンドの世界」阿部勘一・細川周平・塚原康子・東谷護・高澤智昌, 2001,『ブラスバンドの社会史：軍楽隊から歌伴へ』青弓社.
増田聡
2003「ポピュラー音楽研究と音楽学はどう関わるか」東谷護（編著）

『ポピュラー音楽へのまなざし：売る・読む・楽しむ』：127-152, 勁草書房.

松山晋也

1999 「ことばを超えるノリを求めて・都倉俊一インタビュー」『ユリイカ』31巻4号（1999年3月号）：88-102, 青土社.

見田宗介

1967 → 1978 『近代日本の心情の歴史：流行歌の社会心理史』講談社学術文庫.

三井徹

2002 「ポピュラー音楽研究の理論と方法」, 水野信男編, 『民族音楽学の課題と方法：音楽研究の未来をさぐる』世界思想社.

2003 『新着洋書紹介：ポピュラー音楽文献5000冊』ミュージック・マガジン.

三井徹（編）

2009 『ポピュラー音楽関係図書目録：流行歌、ジャズ、ロック、Jポップの百年』日外アソシエーツ.

三井徹（監修）

2005 『ポピュラー音楽とアカデミズム』音楽之友社.

三井徹（編訳）

1990 『ポピュラー音楽の研究』音楽之友社.

安田昌弘

2004 「訳者あとがき」, 安田昌弘訳. 2004『ポピュラー音楽理論入門』383-393, 水声社（= Negus, Keith. 1996. *Popular Music in Theory: An Introduction*, Cambridge: Polity Press).

山口誠

2001 「オーディエンス」古見俊哉（編）『カルチュラル・スタディーズ』：52-92, 講談社選書メチエ.

山田晴通

1990 「ビデオ・クリップが描く盛り場の若者たち── BOφWY『季

節が君だけを変える』を読む」『松商短大論叢』38：69-98.

2003 「ポピュラー音楽の複雑性」東谷護（編著）『ポピュラー音楽へのまなざし：売る・読む・楽しむ』：3-26，勁草書房

吉見俊哉

1997 「アメリカナイゼーションと文化の政治学」，井上俊・他編『現代社会の社会学』：157-231，岩波書店.

2001 「『アメリカ』を欲望／忘却する戦後：「基地」と「消費」の屈折をめぐって」，『現代思想』7：44-63，青土社

2007 『親米と反米―戦後日本の政治的無意識』岩波新書.

渡辺裕

1993 「音楽文化の現在」，人文会25周年記念委員会（編）『人文科学の動向と基本図書　人文書のすすめ』：251-267，人文会.

Adorno, Theodor W.

1941 "On Popular Music" *Studies in Philosophy and Social Sciences*, Vol.9: 17-48, New York: Institute of Social Research.（= 2002 村田公一（訳）「ポピュラー音楽について」，『アドルノ音楽・メディア論集』:137-204，平凡社.）

1945 "A Social Critique of Radio Music" *The Kenyon Review* 7-2: 208-217.（= 2002　吉田寛（訳）「ラジオ音楽の社会的批判」，『アドルノ音楽・メディア論集』:249-265，平凡社）

1958 *Philosophie der neuen Musik*, Frankfurt am Main: Europäische Verlagsanstalt.（= 1973　渡辺健（訳）『新音楽の哲学』，音楽之友社.）

1962 *Einleitung in die Musiksoziologie: zwölf theoretische Vorlesungen*, Frankfurt am Main: Suhrkamp.（= 1970　高辻知義・渡辺健（訳）『音楽社会学序説』，音楽之友社.）

Boonzajer Flaes, Robert M.

2000 *Brass Unbound: Secret Children of the Colonial Brass Band*,

Amsterdam: Royal Tropical Institute.

Carr, Roy

1997 *A Century of Jazz*, London: Hamlyn.（= 1999 広瀬眞之（訳）『ジャズ 100 年史』, バーン・コーポレーション.）

Cohen, Sara

1991 *Rock Culture in Liverpool: Popular Music in the Making*, Oxford: Oxford University Press.

1993 "Ethnography and popular music studies", *Popular Music*, 12-2: 123-138. Cambridge University Press.

Davis, Fred

1979 *Yearning for yesterday: a sociology of nostalgia*, New York: Free Press. = 間場寿一・荻野美穂・細辻恵子（訳）1990『ノスタルジアの社会学』世界思想社.

Frith, Simon

1981 *Sound Effects: youth, leisure, and the politics of rock'n' roll*, London: Pantheon Books

1996 *Performing Rites: on the value of popular music*, Cambridge, Mass: Harvard University Press.

Gatten, Jeffrey N.

1995 *Rock music scholarship: an interdisciplinary bibliography*, Westport: Greenwood Press.

Goertzen, Cheris

1988 "Popular Music Transfer and Transformation: The Case of American Country Music in Vienna", *Ethnomusicology* 32-1: 1-21.

Hall, Stuart

1980 "Encoding/decoding", Hall et al.（eds.）*Culture, Media, Language: Working Papers in Cultural Studies 1972-79*, London: Hutchinson.

Hesmondalgh, David & Negus, Keith

2002 *Popular Music Studies*, London: Arnold.

Kaplan, E.Ann.

1987 *Rocking around the Clock: music television, post-modernism, and consumer culture*, New York: Methuen.

Longhurst, Brian

1995 *Popular Music and Society*, Cambridge: Polity Press.

Middleton, Richard

1990 *Studying Popular Music*, Milton Keynes: Open University Press.

Mitsui, Toru（ed.）

2014 *Made in Japan : Studies in Popular Music*（Routledge Global Popular Music Series）, New York: Routledge.

Moore, Allan F.

1993 *Rock: the Primary Text: developing a musicology of rock*, Buckingham : Open University Press.

Nattiez, Jean-Jacques

1987 *Musicologie générale et sémiologie*, Paris: Chiristian Bourgois.（= 1996, 足立美比古（訳）『音楽記号学』春秋社.）

Negus, Keith.

1992 *Producing Pop: Culture and Conflict in the Popular Music Industry*, London: E. Arnold.

1996 *Popular Music in Theory: an introduction*, Cambridge: Polity Press.（= 安田昌弘（訳）. 2004. 『ポピュラー音楽理論入門』水声社.）

Sadie, Stanley（eds.）

1980 *The New Grove Dictionary of Music and Musicians*, London: Macmillan（= 1993-95 柴田南雄・遠山一行（監修）『ニューグローヴ世界音楽大事典』講談社.

Sears, Richard S.

1980 *V-Discs: A History and Discography*, Westport, Conn: Greenwood Press.

Shepherd, John. (compiled and edited)

1997 *Popular music studies : a select international bibliography*, London: Mansell.

Straw, Will

1988 "Music Video in its contexts: popular music and post-modernism in the 1980s" *Popular Music* 7 3. 247-266, Cambridge: Cambridge University Press.

Tagg, Philip

1982 "Analysing popular music: theory, method and practice." *Popular Music* 2: 37-67, Cambridge: Cambridge University Press.

신현준 (타)

2005, 《한국 팝의 고고학 1960》, 서울 : 한길아트.

その他

[CD]

阿久悠

1997 『移りゆく時代　唇に詩〜阿久悠大全集』ビクターエンタテインメント.

2005 『人間万葉歌〜阿久悠作詞集』ビクターエンタテイメント.

ダイセル化学工業株式会社

1990 『日本の流行歌史大系総覧』ダイセル化学工業株式会社.

筒美京平

1997 『筒美京平　HISTORY』ソニー・ミュージックエンタテインメント.

著者紹介
東谷　護（とうや　まもる）
1965年　神奈川県横浜市生まれ。京都大学大学院人間・環境学研究科博士後期課程修了。
京都大学博士（人間・環境学）。
現　在　成城大学文芸学部教授。
専　攻　ポピュラー音楽研究、大衆文化史、文化社会学
著　書　『進駐軍クラブから歌謡曲へ――戦後日本ポピュラー音楽の黎明期』（みすず書房、2005）
『大学での学びかた―「思考」のレッスン―』（勁草書房、2007）
『ポピュラー音楽へのまなざし――売る・読む・楽しむ』（編著・勁草書房、2003）
『拡散する音楽文化をどうとらえるか』（編著・勁草書房、2008）
『ポピュラー音楽から問う――日本文化再考』（編著・せりか書房、2014）
Made in Japan: Studies in Popular Music（Routledge Global Popular Music Series）（共著、New York: Routledge, 2014）
ほか。

マス・メディア時代のポピュラー音楽を読み解く
流行現象からの脱却

2016年2月10日　第1版第1刷発行

著者　東《とう》谷《や》　護《まもる》

発行者　井村寿人

発行所　株式会社　勁《けい》草《そう》書房

112-0005　東京都文京区水道2-1-1　振替　00150-2-175253
（編集）電話　03-3815-5277／FAX　03-3814-6968
（営業）電話　03-3814-6861／FAX　03-3814-6854
平文社・松岳社

ISBN978-4-326-65398-0　Printed in Japan

http://www.keisoshobo.co.jp

双書　音楽文化の現在　刊行にあたって

企画代表・監修：東谷護

21世紀を迎えてから現代社会は政治・経済・文化などあらゆる領域で著しい変化がみられます。音楽文化に関連するものとしては、インターネットでの音楽配信、iPodなどにみられるような個人で容易に持ち運ぶことのできるデジタル媒体、録音技術とパーソナルコンピュータの発展がもたらした作曲技術の変化が例としてすぐにあげられるでしょう。これらは、作り手側（音楽産業、演奏者、等）と受け手側（聴衆）の関係を前世紀に可能であった比較的単純な構図で語ることを難しくしました。

こうした著しい変化のまっただ中にある現代日本において、音楽文化は何が変わり、何が変化しなかったのでしょうか。本双書では、混沌とした今日の音楽文化をどのようにとらえれば現状を把握できるのかを読者に提示します。さらに音楽とそれをめぐる環境に焦点をあてることによって、現代日本社会の抱える問題を炙り出すことも視野に入れております。

本双書に収められる各巻は、多様化する音楽文化に対して、多角的な視点から分析・考察することによって、新たな知見を読者に提供することになるでしょう。

【双書 音楽文化の現在】全4巻・四六判・上製カバー装・平均256頁

1　東谷護 編著『拡散する音楽文化をどうとらえるか』　2800円
ISBN978-4-326-69861-5

2　木本玲一『グローバリゼーションと音楽文化』　2400円
ISBN978-4-326-69862-2

3　井手口彰典『ネットワーク・ミュージッキング』　2600円
ISBN978-4-326-69863-9

4　井上貴子 編著『アジアのポピュラー音楽』　2800円
ISBN978-4-326-69864-6

＊表示価格は、2016年2月現在。消費税は含まれておりません。